Jochem Westhof/Anna Karina Birkenstock
Die 3-Minuten Kinderbibel · Geschichten von Menschen der Bibel

Für Vincent und Colin
als Erinnerung an
die Zeit im Evangelischen
Kindergarten
Marienberg!
Alles Gute und Gottes Segen!
Eure Tante Frau Schreiter und
Elisabeth

Jochem Westhof
Anna Karina Birkenstock

Die 3-Minuten Kinderbibel

Geschichten von Menschen der Bibel

© 2006 Aussaat Verlag
Verlagsgesellschaft des Erziehungsvereins Neukirchen mbH, Neukirchen-Vluyn
www.nvg-medien.de
Titelgestaltung: Hartmut Namislow unter Verwendung einer Illustration von
Anna Karina Birkenstock
Satz: Breklumer Print-Service, Breklum
Druck: Ebner & Spiegel, Ulm
Printed in Germany
ISBN 10: 3-7615-5499-0
ISBN 13: 978-3-7615-5499-9
Best.-Nr.: 155 499

Inhaltsverzeichnis

Altes Testament

Erinnerungen 8

Gott ruft Abraham	1.Mose 12	10
Die drei Männer in Mamre	1.Mose 18	12
Isaaks Bindung und Rettung	1.Mose 22	14
Jakob und Esau	1.Mose 25+27	16
Die Himmelsleiter	1.Mose 28	20
Der nächtliche Kampf und das Wiedersehen	1.Mose 32+33	22
Joseph im Brunnen	1.Mose 37	24
Joseph als Traumdeuter	1.Mose 41	26
Joseph als Herrscher in Ägypten	1.Mose 41	28
Joseph und seine Brüder	1.Mose 42-50	30
Mose im Binsenkorb	2.Mose 1+2	33
Mose am Dornbusch	2.Mose 2+3	36
Der Zug durch das Schilfmeer	2.Mose 7-15	38
Das Volk in der Wüste	4.Mose 21	40
Die Zehn Gebote	2.Mose 20	42
Der goldene Stier	2.Mose 32-34	44
Der lange Weg in das gelobte Land	5.Mose 34	46

Erinnerungen 48

David wird zum König gesalbt	1.Samuel 16	50
David und Goliath	1.Samuel 17	52
David kämpft gegen Saul	1.Samuel 24	54
David und Batseba	2.Samuel 11	56
David ist bei Gott geborgen	Psalm 23	59
Erinnerungen		61
Der Baum der Erkenntnis	1.Mose 2+3	62
Kain und Abel	1.Mose 4	64
Die Arche Noah	1.Mose 6-9	66
Der Turmbau zu Babel	1.Mose 11	69
Erinnerungen		71
Elia und die Dürre	1.Könige 17	72
Elia am Karmel	1.Könige 18	74
Elia in der Wüste	1.Könige 19	76
Elia am Horeb	1.Könige 19	78
Angeklagt von Amos	Amos 5+8	80
Die Buchrolle von Jeremia	Jeremia 36	82
Weissagungen von Jesaja	Jesaja 9	84
Erinnerungen		86
Jona und der Fisch	Jona 1+2	88
Jona und Ninive	Jona 3+4	90
Hiob	Hiob	92
Die Schöpfungsgeschichte	1.Mose 1	94

Neues Testament

Erinnerungen		96
Der Engel bei Maria	Lukas 1	98
Die Weihnachtsgeschichte	Lukas 2	100
Taufe und Versuchung Jesu	Lukas 3+4	102
Jünger und Jüngerinnen	Lukas 5+8	104
Die Heilung des Gelähmten	Lukas 5	106
Die Heilung des Bartimäus	Lukas 18	108
Die Sturmstillung	Lukas 8	110
Das Gleichnis vom großen Festmahl	Lukas 14	112
Das Gleichnis vom verlorenen Sohn	Lukas 15	114
Heilung der verkrümmten Frau	Lukas 13	116
Das Vaterunser	Lukas 11	119
Der barmherzige Samariter	Lukas 10	121
Jesu Passion	Lukas 22	122
Die Kreuzigung	Lukas 23	124
Die Auferstehung	Lukas 24	126
Die Emmausjünger	Lukas 24	128
Die Pfingstgeschichte	Apostelgeschichte 2	130
Paulus vor Damaskus	Apostelgeschichte 9	133
Paulus schreibt einen Brief nach Korinth	1.Korinther 11-15	136
Das neue Jerusalem	Offenbarung 15-22	138

Erinnerungen

Es ist dunkel geworden.
Die Arbeit des Tages ist getan.
Die Männer sitzen zusammen.
In der Mitte brennt eine Öllampe.

Ein paar Kinder laufen dazu,
sie setzen sich zu ihren Vätern.

„Erzählt noch einmal von früher,
von den ersten Zeiten mit Gott!"

Die Männer schauen ihre Kinder an.
„Von der ersten Zeiten erzählen?
Wir kennen die Geschichten von den ersten Worten,
die der ewige Gott zu den Menschen gesprochen hat."
„Wir haben die Geschichten von unseren Vätern gehört,
und die wieder von ihren Vätern."

„Aber angefangen hat alles mit Abraham.
Mit dem Nomaden, der durch die trockene Steppe zog.
Mit Sarah, seiner Frau, mit Knechten und Mägden,
mit den Hirten und den vielen Tieren."

„Und ich kenne die Geschichten von seinen Enkeln,
von Jakob und Esau – und von dem Segen."
„Und ich kenne die Geschichten von Mose,
der unser ganzes Volk in die Freiheit führte."

„Wir erzählen sie gerne, immer wieder,
denn wer die Geschichten vom Anfang nicht kennt,
der kennt sein ganzes Leben nicht richtig."

Die Kinder kuscheln sich an ihre Väter.
Einer beginnt zu erzählen …

Gott ruft Abraham

Die Hirten sind bei den Schafen.
Die Zelte sind aufgestellt.
Kinder spielen zwischen den Zelten, Frauen holen Wasser vom nahen Wasserloch.
Da kommt Abraham angelaufen. Ganz aufgeregt ist er.
Er ruft: „Alle herkommen! Kommt alle schnell zusammen.
Ich habe etwas Wichtiges zu sagen!"
„Was ist los, Abraham? Droht uns eine Gefahr?", fragen die anderen.
„Gibt es einen Überfall?"
„Abraham, du bist ja ganz aufgeregt!"
„Hört zu. Ich habe etwas Wichtiges zu sagen. Ich habe eine Stimme gehört, als ich allein dort hinten bei den Felsen war."
Manche lachen. Was kann daran wichtig sein?
„Eine Stimme? Hast du geträumt? Hat dich jemand gerufen?"
Abraham schüttelt den Kopf. „Nein so eine Stimme war es nicht. Ich habe sie nicht mit den Ohren gehört, sondern ... mit dem Herzen. Ich habe sie ganz deutlich gehört.

Sie hat zu mir gesagt: *Abraham! Ich bin dein Gott!"*

„Unmöglich! Ein Gott, der redet? Unsere Götter sind Statuen, die man anfasst, aber reden können sie nicht."
Abraham redet weiter: „Hört zu.

Er hat noch mehr gesagt. Der Gott sagte: *Gehe in ein fernes Land, das ich dir zeigen werde!*"

Die Hirten widersprechen: „Abraham, das geht nicht. Wir können doch nicht in ein fremdes Land ziehen. Hier sind wir zu Hause. Hier ziehen wir schon immer mit den Schafen und unseren Zelten umher. Hier kennen wir die Wasserstellen."

Doch Abraham bleibt beharrlich: „Ich habe den Gott gehört. Er meint es gut mit uns. Ich sage euch: Wir gehen mit diesem Gott in ein neues Land."

Die anderen flüstern miteinander, sie raunen und grummeln.

„Hört zu. Der Gott hat noch mehr gesagt.
Er sagte: Du wirst viele Nachkommen haben und ein großes Volk werden."

Da lacht Sarah, die Frau Abrahams:
„Nicht ein einziges Kind haben wir, keinen Sohn und keine Tochter. Wie sollen wir da ein großes Volk werden? Abraham, hast du dich nicht geirrt?"
Doch Abraham spricht weiter: „Ich habe mich nicht geirrt. Ich habe die Stimme deutlich gehört. Sie hat noch etwas gesagt: *Ich gehe mit dir! Ich will dich segnen, und du sollst ein Segen sein für alle Menschen.*"

Nun nicken auch die anderen. „Dann gehen wir alle in ein neues Land."
„Mit einem unsichtbaren Gott, der mit uns geht."
„Er wird uns zu den Wasserstellen führen."
„Wir brechen auf."

So beginnt die Geschichte von Gott und den Menschen.

Die drei Männer in Mamre

Nun sind sie unterwegs in das neue Land.
Abraham geht voraus.
Werden sie das Land finden? Werden sie genug Wasser finden unterwegs? Kann ein Gott mitgehen, den man nicht sieht?
Sie kommen an eine große Wasserstelle. Es ist eine grüne Oase im trockenen Land. Sogar Bäume wachsen dort, und viel Gras für die Schafe. Was für ein schöner Platz.
„Hier machen wir für ein paar Tage Rast!", sagt Abraham.

Am nächsten Tag, um die Mittagszeit, kommen drei Männer zur Oase. Abraham ist ganz aufgeregt.
Wann trifft man schon fremde Menschen in der Wüste? Das ist eine Seltenheit!

„Schnell, ihr Knechte, ein Essen bereitet! Frisches Wasser geholt, frische Milch!"
Tief verbeugt sich Abraham vor den drei Männern: „Seid willkommen, ihr drei. Seid meine Gäste. Esst und trinkt mit uns!"
Abraham weiß, was sich gehört: Gäste in der Wüste werden ehrenvoll behandelt. Sie essen köstliche Speisen. Sie trinken frische Milch.

Dann beginnt einer der Männer zu reden: „Abraham, du hast eine Stimme gehört. Sie hat gesagt: *Ziehe in ein neues Land!*"

„Ja", sagt Abraham, „aber woher wisst ihr das ...?"
„Und sie hat gesagt: *Du sollst ein Segen werden für alle Menschen. Du wirst viele Nachkommen haben und ein großes Volk werden*. Ich sage dir: So wird es geschehen. In einem Jahr wirst du einen Sohn haben."

Da kichert jemand.
Es ist Sarah, Abrahams Frau.
Sie hat alles in ihrem Zelt mitgehört. Sie kann nicht glauben, dass sie noch ein Kind bekommen wird. Sie ist doch zu alt, 60 oder 70 Jahre.

Die drei Männer runzeln die Stirn: „Warum lacht Sarah? Glaubt sie, so etwas kann nicht geschehen? Ich sage dir, Abraham: Der Gott, den du gehört hast, kann noch ganz andere Dinge tun."

Sie stehen auf. Auch Abraham erhebt sich. Noch einmal verbeugt er sich. Die drei Männer gehen wieder weiter. Langsam verschwinden ihre Gestalten am Horizont. Abraham schaut ihnen noch lange nach.

Sarah wird schwanger.
Nach einem Jahr ist ein Kind geboren.
Ein Junge ist es. Sie nennen ihn Isaak.
Was für eine Freude!

Abraham und seine ganze Familie und alle, die mit ihm unterwegs sind, feiern ein riesengroßes Fest. Sie lachen, tanzen und singen. Wer hätte das gedacht? Die Sarah, in diesem Alter, bekommt noch ein Kind.
Ausgelassen feiern alle.
Sie rufen: „Abraham hat Recht gehabt. Die Stimme, die er gehört hat, sie hat nicht gelogen!"

Isaaks Bindung und Rettung

Lange Zeit ist vergangen, bis Abraham wieder eine Stimme hörte: „Abraham! *Weißt du nicht, was zu tun ist? Kennst du die Sitten der Nomaden nicht mehr? Jedes erste Kind, das ein Junge ist, muss den Göttern gegeben werden. Töte Isaak! Opfere ihn dem Gott am Berge Morija!*"

Da erschrickt Abraham bis ins Tiefste, denn er denkt, die Stimme sei von Gott gekommen. Von dem Gott, der ihn begleitet, der ihm dies Kind geschenkt hat. Er hört den Nachhall der Stimme: „*Töte Isaak. Opfere ihn dem Gott am Berge Morija.*" Was für ein fürchterlicher Auftrag!

Kalt wird es in Abrahams Herzen, schwarz und leer wie in einem Loch. Doch er sieht keinen Ausweg.
„Komm!", sagt er zu Isaak, „wir wollen Gott ein Opfer bringen."
Und er nimmt ihn an die Hand und führt ihn von den Zelten weg, weit weg zum Berg Morija.
Sarah sieht ihnen hinterher. Verwundert schüttelt sie den Kopf.

„Wo gehen wir hin?", fragt Isaak.
„Wir sollen Gott ein Opfer bringen!"
„Aber Vater, wir haben doch kein Opfertier mit."
Der Vater schweigt. Seine Schritte werden langsamer.

Schließlich kommen sie zum Opferplatz am Berg Morija.
Abraham bindet seinen Sohn, er legt ihn auf den Opferstein.
Er nimmt sein Messer. Er holt weit aus …

Da öffnet sich der Himmel und ein Engel eilt herab.
„Nein!", schreit er, „Abraham, nein!
Niemals, niemals darfst du unserem Gott einen Menschen opfern!
Halte ein mit diesem Tun!

Ein Tier darfst du vielleicht opfern, aber niemals einen Menschen."

Da ist es Abraham, als ob sich sein Herz mit Engelslicht füllt.
Welch eine Erleichterung!
Er schneidet die Fesseln seines Sohnes durch.
Hand in Hand rennen beide zurück zu den Zelten.

Sarah steht dort. Sie nimmt Isaak in den Arm.

Jakob und Esau

Jahre sind vergangen. Isaak ist groß geworden. Er hat Rebecca geheiratet. Sie haben zwei Kinder, es sind Zwillinge.
Die beiden Zwillinge haben sich nicht gut vertragen. Esau war der Ältere, wenn auch nur für ein paar Minuten. Stark war er und wild. Er war gerne draußen bei der Jagd.
Jakob blieb lieber bei den Zelten und bei der Mutter. Er war ein schlauer Kerl, aber gegen das Alter von Esau nützte auch seine Schlauheit nichts. Esau ist zuerst geboren.

Esau kommt von der Jagd. „So ein Mist!", schreit er schon von weitem, „tagelang bin ich unterwegs und habe nichts gefangen. Die ganze Zeit nichts zu essen, einen Hunger habe ich. He, Brüderchen, das riecht hier so gut, was hast du denn gekocht? Rote Linsen. Schnell, gib mir was!"

Jakob schaut ihn an. „Du kannst etwas bekommen, natürlich. Nur eine kleine Bedingung." Er macht eine Pause.
Esau wird ungeduldig. „Ich will etwas essen. Was denn für eine Bedingung?"
„Gib mir dein Erstgeburtsrecht", sagt Jakob.
Esau guckt dumm. „Das versteh ich so wie so nicht. Erst-geburts-recht. Ich will die roten Linsen da. Das andere ist mit egal."
„Schwöre mir!" Jakob ist beharrlich.
„Ja, schon gut. Ich schwöre feierlich!" Jetzt greift Esau zum Topf mit den Linsen. „Ist es so recht?" Und er fängt an zu essen.
„So ist es recht", denkt Jakob bei sich und lächelt in sich hinein.

Ein paar Wochen später ruft der Vater den Esau zu sich. „Hör mir einmal zu, mein Sohn. Ich bin alt geworden und weiß nicht, wie lange ich noch leben werde. Blind bin ich auch geworden. Du bist ein Jäger, großartig, mein Sohn! Du kannst laufen und springen, dein Auge ist scharf, dein Pfeil findet sein Ziel. Und du bist der Ältere.

Du sollst den Segen bekommen."
„Welchen Segen, Vater?"
„Den Segen, den auch mein Vater Abraham gehört hat. Den Segen von dem Gott, der uns immer begleitet. Hör zu, mein Sohn! Gehe auf die Jagd, brate mir ein schönes Essen. Dann will ich dich segnen."
Esau greift zu Pfeil und Bogen. „Gerne, Vater."
Rebecca, die Mutter, hat es gehört. Das darf nicht sein. Esau bekommt den Segen, und ihr Liebling, der Jakob, soll leer ausgehen? Das geht nicht.
„Jakob, komm schnell. Der Vater will Esau den Segen geben. Ich bereite rasch ein Essen. Geh zum Vater und sage, du bist Esau."

Da schaut selbst Jakob richtig verblüfft. „Ich soll sagen, dass ich Esau sei? Das merkt der Vater doch."
„Der kann doch kaum noch gucken. Wie soll er das merken?"
„Der Vater braucht mich bloß zu berühren, ich habe eine ganz glatte Haut und Esau nicht."
„Wir schlachten ein Lamm, für das Essen. Und das Fell bindest du dir um die Arme und an den Hals. Nun beeil dich!" Und sie schiebt ihren Sohn Jakob aus dem Zelt.

Kurze Zeit später steht Jakob mit dem duftenden Essen im Zelt des Vaters. „Ich bringe das Essen, Vater."
„Wer bist du?"
„Ich …ich bin …Esau, mein Vater!"
Der Vater greift mit der Hand nach seinem Sohn. Er tastet ihn ab. „Tatsächlich, du fühlst dich an wie Esau, dabei redest du wie Jakob. Komm näher. Wieso bist du so schnell zurück?"
„Ich … hatte Glück. Komm, iss doch!"
Der Vater isst, Braten und Brot. Er trinkt, Wasser und Wein. „Komm her, mein Sohn." Er legt ihm die Hand auf. „Gesegnet seiest du von dem Gott, der schon zu meinem Vater gesprochen hat. Er wird dir reichlich Korn und Wein geben, ganze Völker sollen dir dienen. Zahlreich sollen deine Nachkommen sein, ein Segen für alle Menschen." Dann zieht der Vater die Hand langsam zurück.
„Danke, Vater!" Jakob geht leise aus dem Zelt.
Es ist keinen Augenblick zu früh.

Esau tritt in das Zelt des Vaters. „Hier, ich habe das Essen bereitet!"
Da erschrickt der Vater zutiefst. „Ich habe dich doch gerade gesegnet."
Da schreit Esau auf: „Nein, das kann nicht wahr sein. Das muss mein Bruder gewesen sein, der Schuft. Vater, kannst du mich nicht auch noch segnen?"
Da schüttelt der Vater leise den Kopf. „Den Segen kann ich nur einmal geben. Ich kann dir nur sagen …", zögernd streckt er wieder die Hand zu Esau aus, „ … dass du mit Mühsal dich ernähren wirst und

ein Diener deines Bruder bist. Aber nicht für immer."
Esau richtet sich auf. „Der Schuft!", schreit er, „der gemeine Betrüger. Ich bring ihn um!"
Rebecca hat die wütenden Drohungen von Esau gehört. Sie hat auch sein Gesicht gesehen, in den Augen funkelte die Rache.
„Schnell, Jakob. Dein Bruder meint es ernst. Lauf weg, sonst bringt er dich wirklich um. Lauf nach Norden. Schnell, bevor ein Unglück geschieht."
Jakob läuft los. Die Angst sitzt ihm in der Kehle. So hatte er sich das mit dem Segen nicht vorgestellt.

Die Himmelsleiter

Den ganzen Tag läuft Jakob. Er ist auf der Flucht. Nur weg, nur weg von Esau. Diesem wilden, kräftigen Kerl, der geschrieen hat: „Ich bringe dich um!"
Doch als es dunkel wird, da kann er nicht mehr. „Hier muss ich eine Rast machen und schlafen", denkt er sich.

Er baut sich einen kleinen Lagerplatz an dem er liegen kann. Die kleinen Steine werden beiseite geschoben, bis auf einen großen, seltsam geformten Stein, der als Kopfkissen dienen kann. In sein großes Tuch eingehüllt schläft Jakob sofort ein.

In der Nacht träumt er wildes Zeug vom Segen des Vaters, von seinem Bruder. Doch dann wird sein Traum ganz klar: Er sieht sich an seinem Lagerplatz liegen- aber was ist das? Direkt neben ihm geht eine steile Treppe bis in den Himmel. Auf dieser Treppe gehen Engel hinauf und hinunter. Neben Jakob ist die Verbindung von Himmel und Erde, und oben, am Ende der Treppe, nicht mehr zu sehen, sitzt Gott selbst.

Jakob hört Gottes Stimme sprechen:
„Jakob, höre zu! Ich bin der Gott, der schon zu deinen Vätern gesprochen hat, zu Isaak, zu Abraham. Ich sage dir, was ich Ihnen auch gesagt habe: Du sollst zahlreiche Nachkommen haben, ein großes Volk werden, und alle Menschen sollen dadurch gesegnet werden. Und siehe, ich bin mit dir und will dich behüten, wo du hinziehst, und will dich wieder herbringen in dies Land. Denn ich will dich nicht verlassen, bis ich alles tue, was ich dir zugesagt habe."

Das Traumbild verschwimmt, und Jakob wacht auf. Er reibt seine Augen, aber sein Traumbild hat er noch klar vor seinen Augen, die Stimme hallt noch in seinen Ohren.

„Was für ein heiliger Ort", denkt er, „hier ist die Verbindung von Himmel und Erde, von Gott zu den Menschen. Hier will ich ein Zeichen setzen."

Er packt den Stein, auf dem er gelegen hat, und mit aller Kraft richtet er ihn auf. Dann nimmt er das Öl von seinen Vorräten und gießt es oben auf den Stein. Glänzend läuft es herunter, sein Duft breitet sich aus. „Dies ist ein heiliger Ort, die Pforte des Himmels. Ich will sie Beth-El nennen, Haus Gottes." Er streicht noch einmal über den öligen Stein. „Und wenn ich einmal wiederkomme, gesund zurückkehren kann, dann will ich ein ganzes Gotteshaus herum bauen."

Jakob lässt den Stein los und dreht sich um. Er geht weiter weg von seinem Bruder Esau. Aber er läuft nicht mehr.

Der nächtliche Kampf und das Wiedersehen

Zwanzig Jahre bleibt Jakob in der Fremde. Er wird ein reicher Mann. Er hat Frauen und Kinder und eine große Schafherde. Doch er sehnt sich zurück zu dem, was ihm fehlt: Er will wieder zu seinem Bruder. Er macht sich auf den Weg in seine Heimat.

Doch wird Esau ihn wieder aufnehmen? Jakob bekommt Angst. Er ruft zu Gott: „So viel hast du mir gegeben, Gott, aber das Wichtigste erbitte ich jetzt: Errette mich aus der Hand meines Bruders, denn ich fürchte mich vor ihm." Gott schweigt.
Da nimmt Jakob eine Herde von Tieren und schickt sie dem Esau entgegen. „Vielleicht versöhnt ihn das Geschenk", denkt er sich.
Am Abend kommen sie an einen Fluss. Menschen und Tiere gehen hinüber, nur Jakob zögert und bleibt lange am Flussufer stehen.

Da kommt jemand. Groß und schwarz und kräftig fällt er über ihn her. Was für eine mächtige Gestalt. Er ist ungeheuer stark. Aber Jakob ist auch stark. Er will sich nicht unterkriegen lassen. Sie ringen miteinander, und keiner kann gewinnen.

Da redet der Fremde: „Lass mich gehen, es wird schon hell."
„Erst musst du mich segnen!", sagt Jakob.
Segnen? Wer hat die Macht, Jakob zu segnen?
„Du bekommst einen anderen Namen", sagt der Fremde, „du bist nicht mehr Jakob, der Listige.

Du heißt jetzt Israel, der Gottesstreiter."
Jakob lässt den Fremden nicht gehen: „Und wer bist du, unbekannter Fremder? Wie ist dein Name?"
„Ich werde nicht verraten, wer ich bin. Du kannst mich nicht festlegen auf einen Namen", sagt der Fremde.
„Dann segne mich. Ich lasse dich sonst nicht los!"
Da segnet ihn der Fremde. Fast zärtlich legt er eine Hand auf Jakobs. „Jetzt hast du den Segen ganz", sagt er. Da kann auch Jakob loslassen, und der Fremde verschwindet. Erschöpft sinkt Jakob zu Boden.

Die Sonne geht auf. Jakob erhebt sich. Nein, er hat das alles nicht geträumt. Es tut ihm alles weh, besonders seine Hüfte. Er hinkt. Aber er fühlt sich stark. Jetzt kann er seinem Bruder gegenübertreten.

Am anderen Ufer haben sie auf ihn gewartet. Wortlos setzt sich Jakob an den Anfang der ganzen Gruppe und geht vorweg. Und da, tatsächlich, da kommt ihm Esau entgegen, immer noch wild aussehend. Jakob verneigt sich, wirft sich zu Boden, sieben Mal. Da rennt ihm Esau entgegen. Für einen Moment wird es ganz still.
„Jakob!", ruft Esau ganz laut, fällt seinem Bruder um den Hals und küsst ihn. „Mein Bruder, endlich!" Und da müssen sie alle weinen, die beiden großen Männer und alle, die zuschauen. Ganz in sich versunken stehen die Zwillingsbrüder zusammen, als wäre nie etwas gewesen.
„Wir gehören wieder zusammen, das ist gut. Und jetzt feiern wir ein großes Versöhnungsfest."
Das war ein Fest!

Joseph im Brunnen

Viele Kinder hat Jakob. Zwölf Söhne und eine Tochter.
Es geht nicht immer gerecht zu zwischen den Geschwistern. Der Vater hat den Joseph lieber als seine anderen Söhne. Deshalb gibt es oft Streit zwischen Joseph und seinen Brüdern.

„Schaut, ein schönes neues Gewand", sagt Joseph. Der Vater hat es mir geschenkt – und euch nicht."
„Sei still, du Angeber!"
„Ganz kostbarer Stoff, schaut nur! Nur für mich."
„Halt den Mund!"

Die Brüder ärgeren sich. Da kommt Joseph schon wieder: „Heute Nacht habe ich geträumt, dass ihr alle euch ganz tief vor mir verbeugt."
„Nun reicht es aber, du Angeber. Das werden wir jedenfalls niemals tun."

Die Brüder müssen die Arbeit tun, Joseph nicht. Sie hüten die Schafherden, sind tagelang unterwegs mit den Tieren. Nur manchmal kommt Joseph sie besuchen und schaut, ob sie alles richtig machen.

An einem Tag kommt er wieder zu ihnen. Sein kostbares Gewand leuchtet schon aus der Ferne. Da packen sie ihn in ihrer Wut und schlagen ihn. Sie reißen ihm sein kostbares Gewand vom Leib und werfen ihn in einen leeren Brunnenschacht.

Da hockt er nun tief unten und kann nicht heraus. Er schreit und tobt, doch sie lachen und hören nicht auf ihn. Da denkt er: „Jetzt muss ich sterben in diesem dunklen Brunnen", und er weint.

Später werfen seine Brüder ein Seil über den Brunnenrand und

holen ihn wieder heraus. Er ist gerettet. Doch seine Freude währt nur kurz. Er sieht fremde Leute, eine ganze Karawane. Er hört die Brüder reden: „Wir verkaufen euch diesen Mann da. Ihr könnt ihn als Sklaven mitnehmen. Da wird er endlich mal arbeiten. Dreißig Silbergroschen, und ihr könnt ihn haben."
Sie haben ihn verkauft. Joseph, der Liebling des Vaters, ist ein Sklave geworden.

Josephs Gewand haben sie in Blut getaucht. Sie haben es dem Vater gezeigt. „Wir haben dies Gewand unterwegs gefunden. Ist es nicht das von Joseph?"
Da denkt sein Vater, Joseph sei tot, ein wildes Tier habe ihn zerrissen. Und er weint viele Tränen um seinen Lieblingssohn.

Joseph als Traumdeuter

„Zum Palast! Zum Königshof!"
Die Wachleute des Pharao zeigen auf Joseph.
„Der da! Das ist doch der Traumdeuter. Er soll sofort zu unserem König, zum Pharao!"

Verwirrt schaut Joseph auf. Zum Königshof? Er ist doch nur ein Sklave in Ägypten. Er hat bei Potifar gearbeitet und der hat ihn – völlig ungerecht – in das Gefängnis werfen lassen. Und jetzt holen sie ihn ab – zum Königshof.
Voller Staunen geht Joseph mit ihnen.
In seiner schäbigen Kleidung, voller Dreck und Gefängnisgestank, betritt er den prächtigen Palast. Was für ein Luxus, welche Pracht! So viele Diener, so viele Wachleute!
Der Pharao sitzt auf einem goldenen Thron.
Joseph verneigt sich vor ihm, tief, bis auf den Boden.
Die Stimme des Pharao klingt angespannt: „Kannst du Träume deuten? Kannst du mir sagen, was sie bedeuten?"
Joseph antwortet: „Manchmal ... manchmal sagt Gott mir, warum er einen Traum geschickt hat und was er bedeutet."
Der Pharao schickt alle Wachleute und Diener hinaus, bis er mit Joseph alleine ist.
„Pass auf, Joseph. Ich habe etwas geträumt, das ist ganz wichtig. Aber ich weiß seine Bedeutung nicht ... Ich habe geträumt,
dass ich am Ufer des großen Flusses stehe.
Da sehe ich sieben große Wasserbüffel aus dem Wasser steigen. Wunderschön sind sie, groß und kräftig.
Sie stehen am Ufer und fressen.
Doch da! Noch einmal kommen sieben Büffel aus dem Wasser, aber sie sind dürr, mager und hässlich. So hässlich!
Sie fressen die sieben schönen Büffel auf,
und sie bleiben doch dürr und mager.
Dann bin ich aufgewacht. Was hat der Traum zu bedeuten?"

Joseph schweigt lange. Dann aber redet er: „Ich weiß es, Pharao. Gott hat es mir gesagt. Es ist wirklich ein wichtiger Traum, er zeigt, was bald passieren wird. Sieben schöne Büffel, das sind sieben schöne Jahre, da wird in Ägypten alles wachsen, Getreide und Früchte im Überfluss. Doch dann kommen sieben hässliche Jahre, wie die hässlichen Büffel. Sie fressen alles Schöne. Nichts wird wachsen. Kein Getreide, kein Brot, der Hunger wird über dein Volk kommen.
Wenn ich einen Rat geben darf, Pharao: Sammelt in den sieben schönen Jahren, sammelt Getreide, soviel ihr bekommen könnt. Baut neue Lagerhallen. Dann kann es reichen."
Der Pharao schaut Joseph an. „Welch eine kluge Traumdeutung. Welch ein weiser Rat von diesem Mann. Ja, ich will es so machen, wie er sagt. Aber wer kann diesen Plan umsetzen. Meine Minister? Das schaffen sie nicht. Aber vielleicht …"
Er schaut auf Joseph. „Du bist der geeignete Mann. Du wirst die Vorratshallen bauen lassen und das Getreide sammeln."
Der Pharao lässt seine Diener kommen. Joseph wird gewaschen und vornehm gekleidet. Er bekommt den königlichen Siegelring.
So wird Joseph an einem Tag vom Sklaven im Gefängnis zum Herrscher in Ägypten.

Joseph als Herrscher in Ägypten

Joseph ist der neue Herrscher in Ägypten, fast so mächtig wie der Pharao. Mit einem prächtigen Wagen, mit Gold und Edelsteinen geschmückt, fährt er durch das Land.

„Ich bin der neue Herrscher von Ägypten", ruft er den Leuten zu, „ich sage euch: Wir werden sieben reiche Jahre voller Überfluss haben, und Getreide wird wachsen ohne Ende. Sammelt es! Sagt nie: Wir haben doch genug! Sammelt es und bringt es in die königlichen Lagerräume. Denn später werden sieben Hungerjahre kommen, wo nichts wächst."

Da jubeln die Menschen ihm zu. Sie bringen ihr Getreide zum Königshof. Joseph lässt Lagerhallen bauen, riesengroß und sicher geschützt gegen Ungeziefer und Mäuse.
Joseph, der neue Herrscher von Ägypten, heiratet Asenat, die Tochter des obersten Priesters. Und sie bekommen Kinder, zwei

Söhne, Ephraim und Menasse. Da sagt Joseph: „Wie elend ging es mir, als ich im Brunnen war. Wie schlimm war es, als Sklave verkauft zu werden, im Gefängnis zu sein. Aber Gott hat mich nicht im Stich gelassen – auch wenn ich hier weit weg bin in einem fremden Land. Es ist so vieles gut geworden."

Nach sieben Jahren wird die Ernte kümmerlich und bleibt dann ganz aus. Die Menschen haben nicht mehr genug zu essen. Sie kommen zu Joseph und rufen: „Gibt uns von dem Getreide, das du gesammelt hast, wir haben Hunger und wollen Brot backen." Joseph öffnet die erste Lagerhalle und verteilt das Getreide an alle Ägypter, die zu ihm kommen, und niemand im Land muss Hunger leiden.
Welch ein Segen! Der neue Herrscher von Ägypten ist zum Retter des Landes geworden.

Nicht nur aus Ägypten kommen die Menschen. Von weither kommen sie alle, denn die Ernte ist überall schlecht und der Hunger ist groß. Joseph verkauft das Getreide an sie alle, denn es ist genug in seinen Lagerhallen.

Joseph und seine Brüder

Joseph verkauft das Getreide, denn es ist genug in den Lagerhallen. Doch dann kommt der Tag, der alles verändert.
Auf einmal stehen seine Brüder vor ihm und wollen Getreide kaufen! Sie sind alle gekommen – bis auf Benjamin, den jüngsten.
Sie stehen vor ihrem Bruder Joseph – und sie erkennen ihn nicht. Oh weh, wie sollen sie ihn auch erkennen? Sie denken doch, er sei noch ein Sklave und nicht der Herrscher von Ägypten.

Aber Joseph erkennt sie. Seine Brüder, die ihn in den Brunnen geworfen haben! Was soll er jetzt tun? Sind sie noch so hinterhältig wie damals?
„Was wollt ihr?"
„Hoher Herr, wir wollen Getreide kaufen. Bei uns zu Hause gibt es nichts mehr zu essen."
„Ich glaube euch nicht! Wo kommt ihr her?"
„Wir sind Hebräer aus Palästina. Jakob ist unser Vater, wir sind 10 Brüder."
„Nur zehn?"
„Der jüngste ist zu Hause geblieben. Und einer … wir wissen nicht, wo er ist."
„Ich glaube euch nicht! Kommt mit eurem jüngsten Bruder hierher, dann will ich es glauben. Getreide könnt ihr schon jetzt bekommen. Aber diesen da", Joseph zeigt auf Simon, „den behalte ich als Geisel. Nur wenn ihr mit dem Jüngsten kommt, dann will ich euch glauben, dann seid ihr alle frei."

Es dauert Wochen, bis die Brüder wiederkommen. Aber sie kommen mit Benjamin. Joseph empfängt sie freundlich, lädt sie zum Essen. Simon wird freigelassen.

Doch noch einmal will Joseph prüfen, ob sie wirklich füreinander einstehen und keinen mehr im Stich lassen – so wie ihn damals.

Er lässt heimlich einen wertvollen Trinkbecher in den Sachen von Benjamin verstecken. Und dann klagt er ihn an: „Du Dieb! Meinen wertvollen Becher hast du gestohlen. Du bist mein Gefangener, mein Sklave!"

Da stehen sie alle starr vor Schreck und wissen nichts zu sagen. Doch dann spricht der erste: „Mache ihn nicht zum Sklaven, hoher Herr! Nimm mich! Ich stehe für ihn ein."
„Wir auch, wir auch!" rufen die anderen.
Da hält es Joseph nicht länger aus: „Ich bin doch euer Bruder.

Ich bin Joseph! Habt keine Angst, ich will euch nichts Böses!"

Zuerst begreifen die Brüder gar nichts. Zu groß ist die Überraschung. Doch als sie Joseph dann erkennen, da weinen sie, alle zwölf Männer, vor Verwirrung, vor Erleichterung und vor allem vor Freude.

„Es ist wirklich Joseph!", so rufen sie. „Wer hätte das gedacht, dass er noch lebt?"
„Er ist der neue Herrscher in Ägypten."
„Wenn wir das dem Vater erzählen …"
Jetzt bleiben wir alle zusammen, immer, immer …"

So endet die Geschichte doch noch mit einem großen Versöhnungsfest. „Schlimmes habt ihr damals getan", sagt Joseph, „doch Gott hat alles zum Guten gewendet. Und wäre das Schlimme nicht passiert, wären wir alle verhungert – und viele, viele Ägypter auch."
Und es gibt ein prächtiges Versöhnungsfest.

Mose im Binsenkorb

Jahrzehnte sind vergangen. Aus den Kindern von Jakob sind viele Enkelkinder geworden und dann viele, viele Urenkel. Ein ganzes Volk.
Ein neuer Pharao ist gekommen. Oh weh! Der Pharao hat das Volk zu seinen Sklaven gemacht.
Schwere Arbeit Tag für Tag.
Keine Pause. Keinen Lohn. Keine Zeit.
Ziegel machen aus Lehm und Ton, ganze Städte sind zu bauen.
Aufseher mit Peitschen.
Schwere Arbeit Tag für Tag für fremde Herren.
„Oh Gott, hilf uns! Erbarme dich über das Volk.
Unseren Vorfahren hast du deinen Segen versprochen,
Abraham und Isaak und Jakob.
Hilf uns! Wir sind Sklaven geworden."

Der König von Ägypten, der Pharao, ist ein harter Mann.
„Keine Gnade für das Volk der Sklaven! Mehr Arbeit für sie! Es sind zu viele. Sie können uns gefährlich werden. Ich befehle: Wenn ein Kind geboren wird im Sklavenvolk und es ist ein Junge - tötet ihn!"
Welch ein grausamer Befehl des Pharao.
„Oh Gott, hilf uns! Erbarme dich über das Volk."

In einer kleinen Sklavenhütte wird ein Kind geboren. Es ist ein Junge. Die Mutter ruft: „Schnell, versteckt ihn, dass die Soldaten ihn nicht finden."
Die Schwester Mirjam weint. „Was für ein grausamer Befehl des Pharao. Mein kleiner Bruder soll sterben. Aber wir werden ihn verstecken."
Kann man ihn gut verstecken? Schreit er auch nicht? Drei Monate geht alles gut. Dann kommen neue Soldaten, suchen wieder nach neugeborenen Kindern.
„Schnell, Mirjam! Nimm den Korb! Wir verkleben ihn mit Wachs

und mit Pech, damit er schwimmen kann. Lege deinen Bruder hinein. Gehe zum großen Fluss, zum Nil. Verstecke ihn im Schilf, bis die Soldaten vorbei sind."

Mirjam steht am Nilufer. Der Korb mit dem Bruder ist im Schilf versteckt. „Oh Gott, hilf uns!"
Da kommen vornehme Frauen, die Tochter des Pharao ist auch dabei. Sie wollen baden. Oh weh, das Baby fängt an zu schreien. Die Frauen gehen ins Schilf und holen den Korb. Sie bringen ihn zur Tochter des Pharao. Alle Frauen schauen auf das weinende Baby.
„So ein niedliches Kind."
„Das ist vom Sklavenvolk."
„Ganz kleine Händchen."

„Schau mal, wie süß!"
Das Baby weint. Mirjam springt hinzu. „Ich kann jemanden holen, der das Baby stillt, damit es nicht mehr weint." Die Tochter des Pharao nickt.
Mirjam holt ihre Mutter. Die Mutter legt das kleine Kind an ihre Brust. Das kennt das Baby. Es nuckelt zufrieden. Es schläft glückselig ein.
Die Tochter des Pharao sagt: „Was für ein niedliches Kind. Es soll leben. Er soll Mose heißen. Ich werde es später großziehen am Königshof."
So wird Mose gerettet vom grausamen Befehl und wächst auf am Königshof.

Mose am Dornbusch

Mose, der Prinz am Königshof, ist ein junger Mann geworden. Er lebt in großem Luxus. Alle Wünsche kann er sich erfüllen.
Mose sieht sein Volk. Es lebt in großem Elend. Schwere Arbeit Tag für Tag.
Er sieht einen Sklavenaufseher mit der Peitsche, der schlägt einen Sklaven, wieder und wieder. Da packt Mose eine große Wut. Er springt den Sklavenaufseher an, mit aller Kraft und Wut. Er schlägt ihn tot.
Oh weh, der Prinz von Ägypten hat einen Ägypter erschlagen. So rettet er das Volk nicht. Mose muss fliehen. Er verlässt den Königshof. Er geht in die Wüste.
Er kommt zu den umherziehenden Nomaden. Dort findet er Aufnahme. Er verliebt sich in ein junges Mädchen und heiratet sie. Mose ist kein neuer Pharao, er ist ein Schafhirte. Er zieht umher mit seinen Tieren.

Was ist das? Dort hinten bei den Felsen in der Wüste? Dort steht etwas Dorngestrüpp - aber ein Dornbusch ist voll Feuerflammen. Mose geht näher. Da hört er Gottes Stimme: „Mose! Ziehe deine Schuhe aus, denn hier ist heiliges Land."
Mose zieht seine Schuhe aus. Er geht barfuss noch näher an den Feuerbusch. „Hier bin ich. Wer bist du, Flammengott?"
Da hört er: *„Mose. Ich bin der Gott deiner Vorfahren, der Gott von Abraham, Isaak und Jakob. Ich bin der Gott des Sklavenvolkes."*
Mose verhüllt sein Angesicht aus Ehrfurcht vor Gott.
Und Gott spricht weiter zu ihm: *„Mose, ich habe all die Hilferufe meines Sklavenvolkes gehört. Ich habe ihre Not gesehen. Ich will sie aus Ägypten befreien."*
„Ja", denkt Mose, „Gott will das Volk retten. Es ist auch mein Volk."
Doch Gott redet weiter: *„Mose! Wenn das Sklavenvolk aus Ägypten zieht, sollst du ihr Anführer sein. Du sollst es befreien. Gehe zum Pharao und sage: Lass das Sklavenvolk ziehen!"*

„Nein, nein!", ruft Mose, „das kann ich nicht. Schicke doch jemand anderen!"
Doch Gott redet weiter: „Mose, du sollst gehen. Dich habe ich gewählt für diese Aufgabe. Aber du gehst nicht allein. Ich selber werde mit dir sein. Das ist mein Name: Ich werde da sein. Und ich werde meine Worte in deinen Mund legen."
Mose steht vor dem Flammenbusch. Die Worte klingen in ihm nach: „Gehe zum Pharao …Lass das Volk ziehen … Ich werde mit dir sein …"
Mose dreht sich langsam um. Er zieht seine Schuhe an. Er macht sich auf den Weg nach Ägypten. Er geht zum Pharao.

Der Zug durch das Schilfmeer

Mose steht vor dem Pharao: „Lass das Sklavenvolk ziehen! Ich sage es im Namen unseres Gottes: Lass das Sklavenvolk ziehen." Da lacht der Pharao und schüttelt gleichzeitig den Kopf. „Unmöglich! Undenkbar! Unverschämt! Verschwinde, du Wicht!"

Doch dann geschehen seltsame Dinge im Land Ägypten: Das Wasser im Nil wird zu Blut und stinkt. Frösche kommen aus den Sümpfen und springen durch alle Häuser, Mücken und Stechfliegen kommen zuhauf, das Vieh wird krank, Hagel und Heuschrecken kommen und im ganzen Land wird es finster.

„Lass das Sklavenvolk ziehen!"
Jedes Mal steht Mose beim Pharao, doch der lacht nur und schüttelt ungläubig den Kopf.
Da geht der Todesengel in Ägypten um und es sterben die Erstgeborenen in den Häusern bei Menschen und Tieren. Nur beim Sklavenvolk, das ein Gottesfest feiert an diesem Abend, geht der Todesengel vorbei.

„Lass das Sklavenvolk ziehen!"
Dieses Mal lacht der Pharao nicht. „Euer Gott ist mir zu mächtig. Zieht los. Verschwindet aus meinem Land!"
Da gibt es einen Riesenjubel in den Hütten der Sklaven. „Frei! Frei! Wir sind frei! Wir ziehen in die Freiheit!" Und schnell packen sie ihre wenigen Sachen ein - das Brot für die Reise ist noch gar nicht ganz fertig geworden - und ziehen los.

Nur schnell weg aus diesem verhassten Land. Der Weg durch die Nil-Sümpfe, den Ägyptern aus den Augen. Bis sie an einen Wasserarm des Nil kommen, einen großen See, ein "Schilfmeer".

Da hören sie plötzlich die Streitwagen der Ägypter, die Soldaten, die hinterherkommen. Sie schreien: „Welch ein Unglück, sie nehmen uns wieder gefangen!"
„Wie werden wieder zu Sklaven!"
„Sie schlagen uns tot!"
„Vor uns das Meer, hinter uns die Soldaten. Mose, was sollen wir tun?"
Mose steht am Ufer. Der Wind bläst ihm ins Gesicht. Er hört Gottes Worte in sich: „Ich werde mit dir sein!" Der Wind wird stärker. Er bläst das Wasser zur Seite.

Mose geht als Erster. Das ganze Volk geht mit ihm, ängstlich oder schnell rennend oder staunend. Das ganze Volk kommt bis ans andere Ufer.
Der Wind dreht. Das Wasser kommt zurück. Die Ägypter können nicht nachkommen. Die Streitwagen versinken im Morast. Viele ertrinken.

Beim Sklavenvolk erklingt eine Trommel. Mirjam schlägt die Trommel. Die Frauen tanzen mit ihr einen Freudentanz: „Gott hat uns gerettet! Gott hat uns gerettet!"
Auf dem Wasser schwimmt eine Peitsche eines Sklavenaufsehers vorbei. Doch das Sklavenvolk ist frei!

Das Volk in der Wüste

Voller Eifer zieht das Volk los, weg vom Schilfmeer, einen langen Weg durch die Wüste.
„Wir ziehen fort aus Ägypten! Wir ziehen in ein neues Land, das Gott uns zeigen will. Wir ziehen in das Land unserer Träume!"
Doch schon nach ein paar Tagen ist die Begeisterung vorbei.
„Mose, es gibt ja gar kein richtiges Wasser in der Wüste. Wir haben Durst."
„Mose, was sollen wir essen in der Wüste? Unsere Vorräte werden knapp."
„Mose, der Weg ist so weit. Meine Füße tun weh. Schau nur, ganz geschwollen sind sie."

Mose schüttelt den Kopf. Was für ein verrücktes Volk! Wann sind sie je zufrieden?
Doch sie finden Wasser. Sie finden Manna, das Gottesbrot. Das sind kleine Kugeln, wie Tautropfen, die süß schmecken und satt machen.
Sie machen oft Rast. Doch das Volk ist nie zufrieden.

„Mose, ich mag jetzt nicht mehr laufen."
„Mose, ich mag dieses Manna nicht mehr."
„Mose, in Ägypten hatten wir es eigentlich ganz gut. Wir hatten genug zu essen und brauchten nicht zu laufen."
Mose wird wütend. Gott wird wütend. „Hört auf mit dem Gejammer!" Doch sie hören nicht auf.

Auf einmal kommen Schlangen. Giftige Schlangen überall.
Die Menschen schreien. „Was sollen wir tun? Wo sollen wir hin?"
Sie flüchten in ihre Zelte.
„Oh Mose, hilf! Jetzt sind wir wirklich in Not!"

„Baut eine Schlange!" sagt Mose, „baut sie aus Eisen. Hängt sie auf einen Pfahl, hoch im Lager, dass alle sie sehen können. Wer das anschaut, was ihm Not macht, für den ist es nicht mehr giftig."
Da bauen sie die Schlange und hängen sie an einen hohen Pfahl im Lager auf. Alle können sie sehen.
Die Schlangen sind nicht mehr gefährlich.

Was für eine Zeit in der Wüste!

Die Zehn Gebote

Pause.
An dem großen Berg in der Wüste, dem Sinai, rasten alle.
„Mose! Komm heraus aus deinem Zelt. Du musst Einhalt gebieten."
„Was ist passiert?"
„Sie machen, was sie wollen. Sie stehlen sich das wenige, was sie noch haben. Sie nehmen es mit Gewalt, sie schlagen sich halbtot. Sie sagen: „Uns hat jetzt keiner mehr was zu sagen. Sprich du mit ihnen!"
Mose tritt vor das Zelt. „Haltet ein mit eurem falschen Tun!"
Doch seine Stimme klingt müde. Sie hören nicht auf ihn.
„Ich kann nicht mehr sprechen, ich will neu hören. Gott soll zu mir reden."
„Ja, ja!", rufen einige. „Sprich mit Gott. Wir warten auf dich."
Da erscheint eine dichte Wolke mit Blitz und Donner am Berg Sinai. Gott ruft Mose.

Mose steigt auf den Berg Sinai.
Sand, Sand. Der Weg geht durch den Sand. Der Wind spielt mit dem Sand, bildet immer neue Formen. Haltlos.
Felsen, Steine. Der Wind pfeift. Die Felsen stehen fest.
Höher und höher steigt Mose.
Ein Steinwall. Der Wind spielt mit dem Sand, aber der Steinwall ist seine Grenze.
Höher und höher geht Mose. „Wo ist die Grenze für die Menschen in ihrem Tun, wenn sie haltlos sind?" fragt er sich.
Gott ist die Grenze. Und niemand soll sein Hab und Gut verlieren. Niemand sein Leben, niemand seine Liebe.
Höher und höher steigt Mose.
Dunkler Rauch ist an der Bergspitze. Ein Ton wie von einer Posaune ist zu hören. Die Erde zittert. Mose geht in das Dunkel.

Gott spricht zu Mose.

„Die Menschen sollen nicht haltlos sein wie der Sand. Höre, Mose, dies sind die guten Regeln, die ich dem Volk gebe:
Ich bin dein Gott, der aus der Sklaverei befreit.
Meinen Namen sollst du in Ehren halten,
aber ehre nicht ein Bild von mir.
Einen Tag in der Woche halte heilig.
Ehre Vater und Mutter, wenn sie alt und schwach sind.
Bewahre das Leben.
Bewahre die Ehe.
Nimm kein fremdes Eigentum.
Sprich die Wahrheit.
Schau nicht voll Neid auf andere.
Das sind die Regeln, die ich dem Volk gebe. Wenn sie die einhalten, werden sie mein Volk sein."

Vor Mose liegen zwei Tafeln aus Stein. Alle Regeln waren wie von Gottes Hand auf die Tafeln geschrieben.
Mose nimmt die Tafeln. Mit festem Schritt geht er den Berg hinunter, um sie dem Volk zu bringen.
Über all dies sind 40 Tage vergangen.

Der goldene Stier

Während Mose auf dem Berg ist, geht es im Lager drunter und drüber.

„Nun können wir machen, was wir wollen."
„Keiner hat uns was zu sagen. Mose ist nicht mehr da."
„Wer weiß, ob er wieder kommt."
„Wir brauchen ihn nicht mehr. Und Gott brauchen wir auch nicht mehr."
„Wir machen uns selber einen Gott. So einen zum Anfassen. So richtig wertvoll, so aus echtem Gold!"

Da sammeln sie den Schmuck ein, den sie alle am Körper tragen: Ringe, Ketten, Ohrringe, alles, was wertvoll ist. Sie machen ein Feuer und schmelzen den ganzen Schmuck und machen daraus eine Figur, einen kleinen Stier, ganz aus Gold.
„Das ist unser neuer Gott!"
„Schaut nur, wie schön."
„Wir haben ihn selber gemacht. Er soll uns führen!"
Sie tanzen einen wilden Tanz um den Stier. Das ist das neue Göttchen!

In diesem Moment kommt Mose vom Berg Sinai. In den Händen hält er noch immer die Tafeln, von Gottes Finger beschrieben. Er sieht das Volk tanzen, er sieht das goldene Stierbild. Er schreit laut vor Wut und Entsetzen und wirft die Tontafeln zu Boden, dass sie zerbrechen.
Dann ergreift er die goldene Figur, zerschlägt sie, wirft sie ins Feuer, zermalt den Goldklumpen zu Staub.
Das ganze Volk steht um ihn herum, schweigend, starr vor Schreck.
„Dieses Vergehen ist riesengroß. Ich weiß nicht, ob Gott jemals wieder seine Hand über euch hält oder ob wir alle elendiglich umkommen in der Wüste."

Noch einmal steigt Mose auf den Berg Sinai, höher und höher, bis er wieder Gottes Gegenwart spürt. Da ruft er: „Ach! Dieses Vergehen war riesengroß. Doch ich bitte dich: Bleibe unser Gott. Lass uns weiterziehen. Wenn nicht, dann will ich auch nicht mehr leben."
Und Gott antwortet ihm: „Das Volk soll leben und du sollst sie weiterführen. Nimm noch einmal zwei Tafeln aus Stein und schreibe noch einmal die Worte auf, die zerbrochen waren."

So bleibt Mose noch einmal 40 Tage auf dem Berg. Diesmal wartet das Volk auf ihn, noch immer gefangen in seinem Schrecken.
Und als Mose herunterkommt, da jubeln sie, und das Gesicht von Mose strahlt voll Glanz und Gottesfreundlichkeit.

Der lange Weg in das gelobte Land

Die Zelte werden abgebaut. Sie gehen weiter. Den Berg Sinai lassen sie hinter sich.
Sie suchen das Land ihrer Träume. Sie suchen das gelobte Land. Kann Mose sie dahin führen? Zeigt Gott ihnen den Weg?
Der Weg ist so weit. Wann sind sie da? Weiter, weiter durch die Wüste. Wochen. Monate.

„Wo ist es, das gelobte Land?"
„Auf der anderen Seite des Flusses."
„Wie ist es dort? Wie kommen wir hinein?"
„Wir schicken ein paar Spione aus, die werden es sehen und uns berichten."

Zwölf Männer gehen zum Fluss. Sie waten durch das Wasser. Heimlich gehen sie in das Land. Nach ein paar Tagen kommen sie zurück.

„Schaut nur, was sie mitgebracht haben."
„Frische Trauben. Riesig. Wunderbar!"
„In dieses Land wollen wir ziehen. Gott wird uns führen!"

Doch plötzlich packt sie alle eine unerklärliche Angst.
„Es wohnen fremde Menschen dort. Sie sind groß wie Riesen!"
„Da kommen wir niemals hinein."
„Bleiben wir doch lieber in der Wüste."
„Ziehen wir doch lieber zurück nach Ägypten."

Als Mose das hört, schreit er vor Entsetzen. Aber niemand hört auf ihn.
„Lass sie ziehen", sagt Gott, „lass sie zurückziehen in die Wüste. Dort sollen sie weiterlaufen, jahrelang. Erst die Kinder – wenn sie später einmal groß geworden sind – sollen in das versprochene Land einziehen können."

So bleibt das Volk in der Wüste. Es dauerte 40 Jahre, bis sie doch noch in das Land ihrer Träume kamen.

Mose ist alt geworden. Aber er kann das Land noch einmal sehen, auch wenn er nicht mehr hinein gehen kann. Er stirbt auf dem Berg, mit dem Blick auf das Land. Gott selber hat ihn gerufen und hat ihn nach seinem Tod begraben mit eigenen Händen, und niemand kennt die Grabesstelle bis heute.

Erinnerungen

Es ist dunkel geworden.
Die Arbeit des Tages ist getan.
Die Männer sitzen zusammen.
In der Mitte brennt eine Öllampe.

„Es hat so klein angefangen", sagen sie,
„bei Abraham oder auch bei Mose, da waren wir noch so wenige.
Aber dann, im gelobten Land, da wurden wir ein richtiges Volk."
„Aus zwölf Stämmen von den zwölf Söhnen von Jakob vereinigten wir uns."
„Mit einem Gott, der uns bis in das versprochene Land gebracht hatte."
„Aber es war nicht nur alles gut in diesem neuen Land."
„Nein, es gab Streit und Betrug, wie immer. Wir sind Menschen wie andere auch."
„Und es gab Feinde, die über unser Land herfielen."

„Es gab auch immer wieder Rettung von den Feinden."
„Und Menschen, die an unseren Weg mit Gott erinnerten.

Sie waren voller GottesGeist.
Sie schlichteten den Streit.
Sie siegten über die Feinde."
„Josua war so einer, der Nachfolger von Mose.
Samuel, der Prophet,
und Hannah, seine Mutter."

„Und natürlich David, unser König,
der größte König, den wir jemals hatten."
„Er hat dafür gesorgt, dass unsere Geschichten aufgeschrieben
wurden und nie mehr verloren gehen."
„Und sein Sohn Salomo hat den Tempel in Jerusalem bauen
lassen."

„Wir wollen von David erzählen, von seinen Geschichten, und von
den anderen Männern und Frauen, die voller GottesGeist waren."

So sprachen die Männer, die um die Öllampe saßen.
Ob sie wussten, dass sie mit ihren Geschichten selber voller Gottes-
Geist waren?

David wird zum König gesalbt

Der Bauer Isai steht vor seinem Haus. Er blickt über die weite Ebene. Eine Gestalt nähert sich seinem Haus. Wer ist es? Es ist Samuel, ein Gottesmann, ein Prophet.

Was mag das bedeuten? Wieso kommt der Gottesmann zu ihm? Ob er schlechte Kunde von Gott bringt? Oder gute?

Samuel hat das Haus erreicht. Tief verbeugt sich Isai.
„Rufe deine Söhne", sagt Samuel, „ich bringe gute Nachricht. Einer deiner Söhne wird zum König über Israel gesalbt werden." Samuel tastet nach dem kleinen Horn mit dem kostbaren Öl. Damit wird er gleich einen der Söhne zum König salben.
Zum König? Wieso zum König? Es gibt doch einen König in Israel, König Saul. Auch er war von Samuel gesalbt worden.
Der älteste Sohn, Eliab, tritt vor. „Der sieht klug und kräftig aus", denkt Samuel bei sich, „der wird es sein." Er will schon das Öl hervorholen.
„Halt!", sagt Gott zu Samuel, „urteile nicht zu schnell. Ich schaue in das Herz der Menschen. Dieser ist nicht würdig für ein Königsamt."
Samuel schaut Eliab an. Dann schüttelt er den Kopf. Enttäuscht dreht Eliab sich um.

Der zweitälteste Sohn kommt. „Der ist es!", denkt Samuel und will zum Öl greifen. „Halt!", sagt Gott, „ich schaue in das Herz. Auch dieser ist nicht würdig."

Alle sieben Söhne treten nacheinander vor. Keiner ist von Gott erwählt. Enttäuscht stehen sie herum.
„Hast du keine weiteren Söhne mehr?"
„Doch!", sagt Isai, „aber der letzte ist nur ein kleiner Junge, ein Kind. Der ist draußen und hütet die Schafe."
„Hole ihn her!"

David, der jüngste Sohn, kommt angelaufen. Er ist klein und nicht sehr kräftig. Er ist dreckig und riecht nach Schaf. Samuel schaut ihn an. „Der ist es!" sagt Gott.
Samuel nimmt das Öl, gießt es David über den Kopf, die Arme, die Haare. Es duftet wunderbar. „In Gottes Namen: du wirst König in Israel werden", sagt Samuel.
Und der GottesGeist floss in Davids Herz und machte ihn ganz würdig zum Königsamt.

Doch noch ist Saul König.
David geht zurück zu seinen Schafen. Seine Zeit wird kommen.

David und Goliath

Ein Ruf schallt durch das Land:
„Es ist Krieg! Das Volk der Philister ist in unser Land gekommen! Alle Männer, holt eure Waffen! Sammelt euch alle beim Tal im Eichengrund!"
Da ziehen die Männer los, manche voller Übermut, viele mit Angst im Herzen. Die Frauen bleiben zurück, die Kinder gucken bange, die Mütter weinen. Warum ist Krieg?

Auch Isai muss seine drei ältesten Söhne in den Krieg ziehen lassen – den David aber nicht, er war ja noch klein, ein Kind noch.

Doch drei Tage später ruft der Vater den David: „Gehe zu deinen Brüdern ins Heereslager. Schau nach, ob es ihnen gut geht. Bringe ihnen etwas zum Essen. Aber sei vorsichtig und komm gleich wieder zurück!"
David macht sich auf zum Tal beim Eichgrund. Anfangs sieht es alles so friedlich aus. Doch im Eichgrund sieht David die beiden Heere. Auf der einen Seite König Saul mit den Kämpfern von Israel. Auf der anderen Seite die Philister.

Und da! Bei den Philistern steht jemand auf, groß, riesengroß. Welche Kräfte muss dieser Riesenkerl haben? Er geht auf das Heer von Israel zu, er schreit ganz laut: „Hahaha, ihr Angsthasen. Traut sich niemand, gegen Goliath zu kämpfen? Wo ist eure Kraft? Wo ist euer Gott? Hahahaha!"

David rennt ins Lager. „Warum kämpft keiner gegen diesen Riesen Goliath? Er lacht über Gott! Das darf nicht sein!"
Die Kämpfer von Israel schütteln die Köpfe: „Mein Junge, geh nach Hause. Auch wir

schaffen es nicht, gegen diesen Goliath zu kämpfen. Er wird uns alle besiegen."
Doch David geht nicht. „Er lacht über Gott. Ich werde gegen ihn kämpfen." Und er läuft aus dem Lager heraus auf Goliath zu. Er hat keine Rüstung und kein Schwert, nur seine Hirtenschleuder hat er immer dabei.

Goliath bekommt große Augen, als er David sieht: „Soll ich mit einem Säugling kämpfen? Wollt ihr mich verspotten?" schreit er, „komm her, du Wicht, ich zerdrücke dich und deinen Gott gleich mit!"
David bleibt stehen. „Höre auf, über unseren Gott zu lachen!"
Goliath zieht sein Schwert und rennt auf David zu. Der Stein fliegt aus Davids Schleuder. Er trifft Goliath mitten im Lauf. Goliath bricht zusammen.
David steckt seine Schleuder wieder ein. „Gott sei Dank!" murmelt er. Goliath ist tot.
Da erhebt sich ein Jubel im Lager der Israeliten und Entsetzen bei den Philistern. Und Sauls Leute rennen los und vertreiben die Philister.
„David hat uns gerettet!", rufen sie, „den Goliath hat er mit seiner Schleuder erlegt!"

David geht vom Lager im Eichgrund zurück nach Hause. Er hütet weiter seine Schafe.

David kämpft gegen Saul

„David soll zu König Saul kommen!"
Ein Bote vom Palast holt David ab. „Warum soll ich zum König kommen?"
„Wir haben gehört, dass du schön Harfe spielen kannst. Unser König Saul ist manchmal schwermütig, wie von einem bösen Geist befallen. Schöne Musik kann die Schwermut vertreiben. Also nimm deine Harfe und komm mit."

So kommt David an den Königshof. Er ist kein Kind mehr, er ist inzwischen ein junger Mann geworden. Und er kann wunderschön auf der Harfe spielen. Seine Musik vertreibt die trüben Gedanken des Königs.
Aber doch nicht ganz! Denn in Saul flüstert immer wieder eine böse Stimme: „David ist besser als du. David kann auf der Harfe spielen. David hat Goliath besiegt. Er sieht gut aus. Er ist klug. Alle mögen ihn."
Da wird die Wut in Saul riesengroß. Er schaut auf David, der die Harfe spielt. Er sieht einen Speer an der Wand lehnen. Er greift nach dem Speer und schleudert ihn auf David, um ihn zu töten.
David ist schnell. David steht unter Gottes Schutz. Er weicht dem Speer aus. Der Speer bohrt sich in die Wand. Saul ist erschrocken. David ist auch erschrocken. Er flieht.

David flieht in die Wüste. Ein paar getreue Männer gehen mit ihm.

In Saul erwacht die Wut auf David immer wieder neu. Die bösen Stimmen hören nicht auf. Saul zieht mit vielen Soldaten in die Wüste, um David zu fangen.
Wie findet man einen Menschen in der Wüste? Dort gibt es Sand, Dornen, Steine, Felsen und Höhlen. Viele hundert Höhlen zum Verstecken. In einer solchen Höhle ist David, ganz hinten versteckt.
Und genau in diese Höhle geht Saul. Er ahnt nichts von Davids Gegenwart. Er will sich nur ausruhen, draußen ist es heiß und hier

schön kühl. David und seine Leute sind ganz still. Der König schläft ein.
David schleicht zu Saul, ganz leise. Er zieht sein Messer. Was wird er tun? Er schneidet ein Stück Stoff vom Königsgewand.

„Er war in deiner Hand!" flüstern die Männer zu David, „Warum hast du ihn nicht getötet?" „Er ist der König", flüstert David zurück, „von Gott eingesetzt, von Samuel gesalbt."
Saul erwacht. Er geht aus der Höhle.
David geht an den Eingang. Er ruft: „Saul, mein König! Warum verfolgst du mich? Ich will dir nichts Böses. Schau her!" Und er hebt den Stofffetzen hoch.
Da wird Saul bleich vor Schreck und vor Scham.
„Du bist gerechter als ich. Du wirst ein würdiger König werden." Und Saul weint.

David und Batseba

David ist König in ganz Israel. Jerusalem ist die neue Hauptstadt. Hier hat der König seinen Palast. Hier sind die Tafeln vom Berg Sinai. Bald wird dafür ein prächtiger Tempel gebaut.
David ist mächtig. So mächtig wie niemals ein König in Israel. Das Volk jubelt: „David, unser König!"
David sitzt im Dachgarten seines Palastes. Er schaut über die Stadt. Da sieht er im Nachbarhaus eine Frau, die sich wäscht. Die Frau ist nackt. Die Frau ist schön. Sehr schön. David schaut ihr zu. Er versteckt sich dabei. Niemand soll ihn jetzt sehen.
David ist erregt. Er will diese Frau, will sie berühren, will bei ihr sein und bei ihr liegen. „Bin ich nicht mächtig und kann tun, was ich will?" fragt er sich und ruft seinen Diener. „Man soll diese Frau zu mir bringen."
Die Frau - sie heißt Batseba - muss zu König David. Heimlich – niemand soll es wissen. Er nimmt die Frau, er kommt ihr ganz nahe, sie wird schwanger von David.

Wer ist der Ehemann dieser Frau? Er darf nicht erfahren, was passiert ist. Keiner darf es wissen. Es muss vertuscht werden. Wer ist der Ehemann? David weiß es schon lange: Uria heißt er, er ist ein Hauptmann bei Davids Soldaten. David sagt: „Bin ich nicht der oberste Befehlshaber der Soldaten? Ich sage: Stellt ihn im nächsten Kampf ganz nach vorne, bis er im Kampf umkommt."
Uria stirbt im Kampf. David heiratet die Frau Batseba. „Kann ich nicht tun, was ich will? Ich bin der mächtige König!"

„Nein!", sagt Gott, „auch der König darf nicht tun, was er will. David hat Schlimmes getan. Nathan, gehe zu David und sage es ihm!"

So kommt Nathan, der Gottesmann, der Prophet, zum König. Er fragt ihn: „König David, darf ein reicher Mann in deinem Lande tun, was er will? Darf er sich nehmen, was er will?"

„Nein!", sagt David, „auf keinen Fall. Auch für den reichen Mann gelten die Regeln, die Gott am Berg Sinai gesagt hat."
Da sagt Nathan: „Du bist der reiche Mann, der alle Regeln verletzt hat. Du hast Uria das Leben genommen. Du hast der Frau den Ehemann genommen. Du hast Batseba die Würde genommen. Du hast Schlimmes getan."

Die Worte treffen David ins Herz. Er schlägt die Hände vor das Gesicht. „Oh weh, ich habe Schlimmes getan. Ich wollte, es wäre nicht geschehen."

„Ja!", sagt Gott, „David hat einen großen Fehler gemacht. Das Kind von Batseba und David wird sterben. Aber er hat seinen Fehler erkannt. Er hat ihn nicht mehr vertuscht. Er wird so etwas nicht wieder tun. Er soll König bleiben. Er wird meinen Segen behalten."

David ist bei Gott geborgen

König David in Jerusalem ist ein alter König geworden. Noch immer regiert er das Land. Er ist ein guter König, voller Weisheit und Glauben.

„Viele Jahre bin ich schon König", so hat er vielleicht einmal gedacht, „aber als Kind, da bin ich ein einfacher Schafhirte gewesen. Immer musste ich auf die Schafe aufpassen, auch nachts, wenn es ganz dunkel war. Einmal kam nachts ein wildes Raubtier, ich konnte es kaum erkennen. Aber ich bin ihm entgegengegangen, meinen Stock in der Hand, Schritt für Schritt, mit festem Blick, immer dichter. Da drehte das Raubtier sich um und rannte weg. Ich dachte damals: Ich bin der Hirte meiner Schafe, aber Gott ist mein Hirte. Er passt schon auf, dass es mir gut geht und nichts fehlt. Er beschützt mich. Ich ziehe umher, finde immer wieder frisches Gras und frisches Wasser für die Schafe."

Der Herr ist mein Hirte, mir wird nichts mangeln.
Er weidet mich auf einer grünen Aue
und führet mich zum frischen Wasser.
Er erquickt meine Seele.

„Aber nicht immer ging es mir gut als König. Es gab schlimme Zeiten. Als Nathan kam. Oder als der Überfall von Absalom war. Als ich fliehen musste aus Jerusalem. Dunkle Zeiten. Finstere Täler.

War Gott auch da mein Hirte? Heute weiß ich: ich war auch da geborgen bei ihm."

Er führt mich auf rechter Straße um seines Namens willen.
Und ob ich schon wanderte im finsteren Tal,
fürchte ich kein Unglück,
denn du bist bei mir,
dein Stecken und Stab trösten mich.

„Einmal sind feindliche Heere in die Stadt gezogen. Wir mussten fliehen. Aber auch fern von Jerusalem war Gott bei uns. Es war, als ob er uns dort zu einem Essen geladen hätte, mit wundersamen Speisen, die uns Kraft geben."

Du bereitest vor mir einen Tisch
im Angesicht meiner Feinde,
du schenkest mir voll ein.

„Früher war ich ein Kind. Manchmal bin ich hingefallen. Es tat weh und ich habe geweint. Dann kam die Mutter, nahm ein Öl und strich es auf die verletzte Stelle, und es war gut. Später kam Samuel und goss ein Öl über mich als Königssalbung, und es war gut. Und heute? Heute ist es so, als ob Gott ein Öl über meinen Kopf und meine Seele gießt."

Du salbest mein Haupt mit Öl.

„Ich bin ein alter König. Ich schaue auf mein Leben zurück. Es war ein gutes Leben, voller Gottesfreundlichkeit. Bei Gott möchte ich bleiben."

Gutes und Barmherzigkeit
werden mir folgen ein Leben lang
und ich will bleiben im Hause des Herrn immerdar.

Erinnerungen

Die gelehrten Männer saßen im Königspalast beisammen.
„Es gibt viele Geschichten von unserem Volk. Viel mehr, als wir jetzt erzählen können."
„Wir müssen aufpassen, dass sie nicht verloren gehen."
„Wir sollen sie aufschreiben. Der König hat es gesagt."

Die schriftgelehrten Männer begannen, die Geschichten aufzuschreiben. Sie brauchten Tage und Wochen dafür. Sie überlegten jeden Satz und jedes Wort. Sie schrieben sehr sorgfältig auf Leder und Papyrus.

„Aber es gibt doch auch Geschichten von der Zeit vor Abraham."
„Die Zeit, als die Menschen so wurden, wie sie sind."
„Die Zeit, die immer so ist, weil die Menschen immer so sind."

Die schriftgelehrten Männer begannen, im Land umherzuziehen und Geschichten zu sammeln. Weise Männer und Frauen kannten Geschichten aus der Zeit, die immer so ist, und sie erzählten sie den Männern vom Königspalast.
Und die Schriftgelehrten schrieben sie später wieder auf, sehr sorgfältig, und sie überlegten jeden Satz.

Der Baum der Erkenntnis

Als Gott die Welt gemacht hat, hat er zuerst den Menschen – den Adam - geschaffen. Er hat einen Klumpen Lehm genommen, daraus den Adam geformt und dann mit seinem göttlichen Atem angehaucht. Da war Adam lebendig.
Schön sollte es Adam haben. Gott hat einen Garten gemacht, mit vielen schönen Blumen, mit Wiesen und Bäumen. Auch Tiere machte Gott - alles für Adam. Zum Anschauen. Zum Spielen.
Adam freute sich darüber, aber doch nicht ganz.
Er war allein. Kein anderer Mensch war da.
Als Gott das sah, machte er einen zweiten Menschen – die Eva. Er hauchte auch sie mit seinem göttlichen Atem an. Da wurde sie lebendig.

Adam und Eva lebten in Gottes Garten wie in einem Paradies. Sie hatten Gefallen aneinander und sie hatten alles, was sie zum Leben brauchten. Sie waren mit den Tieren zusammen, und alle lebten in großem Frieden.
„Ihr könnt alles haben und benutzen", sagte Gott, „nur von diesem einen besonderen Baum dürft ihr nichts essen. Das ist die Grenze, die ich euch setze."

Die Schlange windet sich vom Baum der Erkenntnis.
Sie spricht mit einer süßen Stimme:
„Schau, Eva, welch schöne Frucht. Rieche an ihr. Lecker, nicht wahr?
Hast du nicht Lust davon zu kosten – nur ein kleines Stückchen?"
„Nein, nein, das ... darf ... ich ... nicht. Gott hat es gesagt."
„Ach was, keiner sieht es, keiner merkt es. Aber wenn du davon isst, dann wirst du schlau, schlauer als alle, so schlau wie – Gott."
Eva schaut die Frucht an: „Ich darf nicht. Ich will nicht. Oder doch?"
Eva greift zu. Sie ergreift die Frucht. Sie beißt hinein. Die Frucht schmeckt lecker!

Eva, was tust du? Willst du so werden wie Gott? Oh weh!

Adam ruft: „Eva, was tust du?"
Er sieht die Frucht an. Er riecht sie. Die Frucht riecht lecker!
Adam greift zu. Er ergreift die Frucht. Er beißt hinein.
Adam, was tust du? Willst du so werden wie Gott? Oh weh!

Adam und Eva sind anders geworden seit sie von der Frucht gegessen haben.
Sie haben von der Erkenntnis gegessen.
Sie wissen, wenn sie etwas falsch gemacht haben.
Sie wollen nicht mehr hören, wenn Gott sie ruft.
So auch jetzt. Sie schämen sich. Sie verkriechen sich.
Sie sind hilflos und schutzlos. Sie sind nackt.

„Wer von dem besonderen Baum gegessen hat, kann nicht mehr im Paradies sein", sagt Gott zu ihnen. „Hinaus mit euch. Geht hinaus in die Welt, wo es schmerzvoll ist, wo man kämpfen und arbeiten muss."
Er schickt Adam und Eva fort. Es gibt keinen Weg zurück.

Kain und Abel

Adam und Eva hatten zwei Kinder, zwei Jungen. Der eine hieß Kain und der andere Abel. Als die beiden groß waren, wurde Kain ein Ackermann und Abel ein Schäfer.

„Auf meinem Acker wächst viel: Getreide, Gemüse und Früchte. Ich habe genug zum Leben. Gott sei Dank!" Und Kain baute einen Altar und verbrannte etwas von den Früchten, um es Gott zu schenken.

„In meiner Schafherde sind viele Tiere. Ich habe Milch und Wolle, Fleisch und Felle. Ich habe genug zum Leben. Gott sei Dank!" Und Abel baute einen Altar und verbrannte etwas von seinen Schafen, um es Gott zu schenken.

Da geschah es, dass Gott sich sehr freute über das Geschenk von Abel, aber nicht über das Geschenk von Kain. Als Kain das merkte, wurde er wütend, sehr wütend. Er ballte fest die Fäuste.
„Pass auf, Kain!" rief Gott ihm zu, „pass auf, dass die Wut nicht übergroß wird. Denke an die Erkenntnis von Gut und Böse, die deine Eltern gegessen haben. Sei stärker als deine Wut!"
Doch Kain ballte weiter die Fäuste.

Kain ging zu Abel. „Komm mit", sagte er, „ich gehe auf meinen Acker."

Auf dem Acker steht der Altar mit dem Geschenk, das Gott nicht wollte. Als Kain es wieder sieht, wird seine Wut übergroß. Er springt mit den geballten Fäusten auf Abel los und schlägt ihn tot.

Gott ruft: „Kain, wo ist dein Bruder? Er ist nicht mehr bei den Schafen und ich finde ihn nicht."
„Ich weiß es nicht", antwortet Kain, „soll ich auf meinen Bruder aufpassen?"

Da spricht Gott: „Du weißt es nicht? Totgeschlagen hast du ihn, und dann sagst du: Ich weiß es nicht! Verflucht sollst du sein! Nie mehr wirst du Ruhe finden in deinem Leben. Geh! Geh fort von deinem Acker. Hier kannst du nicht bleiben."

Da begriff Kain, was er getan hatte. „Meinen Bruder habe ich erschlagen. Wenn du mich fortschickst, Gott, dann werden andere Menschen mich auch erschlagen."

Da machte Gott ein Schutzzeichen bei Kain, dass niemand ihn töten darf. Es war schlimm genug, dass Abel erschlagen worden war. Aber Kain musste seinen Acker verlassen und alles, was er hatte.

Die Arche Noah

Nun war nicht mehr alles gut auf der Erde. Die Bosheit vieler Menschen war groß – übergroß, und oft – allzu oft war das Zusammenleben der Menschen verdorben.

„Ich will die Menschen nicht mehr auf der Erde haben", sagte Gott, „das Leben soll aufhören. Nur der eine dort, Noah, der lebt noch so, wie es mir gefällt. Der soll leben – und seine Familie auch."
Gott sagte Noah seinen Plan, und Noah baute ein Schiff, eine riesengroße Arche für sich, seine Familie und auch für viele, viele Tiere.

Dann begann der große Regen, unaufhörlich mehr und mehr, und das Wasser auf der Erde stieg höher und höher. Viele, viele sind ertrunken in all den Wasserfluten. Nur Noah und seine Familie retteten sich in die Arche, und viele Tiere nahmen sie mit auf, immer ein männliches und ein weibliches, damit das Leben weitergehen konnte. Gott selber schloss die Tür hinter ihnen fest zu, da waren sie sicher.

40 Tage und 40 Nächte dauerte der mächtige Regen, dann erst hörte er auf und das Wasser konnte wieder abfließen. 40 Tage und 40 Nächte saßen Noah und alle anderen in der Arche, geborgen vor dem Wasser.
Wenn Noah aus dem kleinen Fenster herausschaute, sah er nur Wasser, Wasser, Wasser. Wie sollte er nur wissen, ob das Wasser einmal abgelaufen sein wird?
Noah hatte eine Idee. Er ließ eine Taube aus dem Fenster fliegen. Doch sie kam bald zurück, sie konnte sich nirgends niederlassen.
Da wartete Noah eine Woche, dann schickte er die Taube wieder los. Und wieder kam die Taube zurück, doch diesmal trug sie ein grünes Blatt im Schnabel.
Ein Blatt! Ein grünes Blatt! Die Pflanzen fingen an zu wachsen! Das Wasser lief ab!

Doch noch einmal wartete Noah eine Woche, dann schickte er die Taube wieder los. Sie kam nicht wieder, das Wasser war ganz abgelaufen.
Da öffnete Noah die Tür der Arche und ging hinaus. Die Erde war wieder trocken geworden. Und alle anderen Menschen und Tiere sprangen heraus aus der großen Arche. Gras begann zu wachsen, überall. Die ersten Blumen fingen an zu blühen.
Gerettet! Gott sei Dank! Das Leben auf der Erde konnte weitergehen.
Welche Freude! Was für ein Fest. Sie sangen und tanzten, die Menschen und die Tiere, voller Dankbarkeit für Gott.

Da sagte Gott: „Es soll keine neue Sintflut mehr über die ganze Erde kommen. Niemals wieder! Menschen und Tiere sollen leben können auf der Erde."
Es wurde hell am Himmel, und leuchtend erschien ein Regenbogen in den Wolken.

„Das ist die Erinnerung!", sagt Gott, „der Regenbogen erinnert euch und auch mich daran, dass das Leben auf der Erde weitergehen soll. Auch wenn der Mensch weiter voller Bosheit sein wird, er ist ein Mensch und soll leben können."

Der Turmbau zu Babel

In der großen Ebene bei Sinear lebten viele Menschen. Es gab genug Wasser und genug Ackerfläche für Menschen und Tiere.

„Hier können wir gut leben."
„Es ist schön hier. Wir sollten eine schöne Stadt bauen."
„Wir sollten etwas Besonderes in der Stadt bauen."
„Wir müssen etwas Einmaliges bauen, was noch nie jemand gemacht hat."
„Wir bauen den höchsten Turm der ganzen Welt."
„Ja, bis in den Himmel muss er gehen!"

Da begannen sie zu bauen. Viele, viele Ziegelsteine. Viel, viel Mörtel. Hoch, hoch, immer höher.

„Wir werden die Größten. Wir werden die Mächtigsten!"
„Ich kann nicht mehr."
„Weiter, weiter! Alle müssen weitermachen."
„Was für ein riesiger Turm!"

Und sie brauchten mehr und mehr Ziegel und Mörtel. Sie taten alles für den Turm. Bloß nicht aufhören. Höher, höher, bis in den Himmel. Und dann noch weiter.

„Ich kann nicht mehr!" sagten einige, „hört auf, er ist doch schon ganz hoch."
„Nein, nein", riefen andere, „mehr, mehr. Gebt alles für das große Ziel. Dann werden wir sein wie Gott!"

Gott beugte sich weit, weit nach unten und schaute vom Himmel herunter. Er sagte: „Wenn das immer so weiter geht, dann geht alles kaputt. Sie zerstören sich selbst. Es ist genug. Ich will ihre Sprache durcheinanderbringen, dass sie sich nicht mehr verstehen."

Da wurde die Sprache bei den Menschen unterschiedlich. Der eine sprach ganz anders als die andere, und sie haben sich nicht mehr verstanden. Sie konnten nicht zusammen reden, nicht zusammen essen, nicht zusammen bauen. Auch den Turm konnten sie nicht weiterbauen. Es war genug.

So blieb der Turm unvollendet. Die Menschen zogen fort aus der Ebene von Sinear, zu anderen Menschen, deren Sprache sie verstehen konnten.

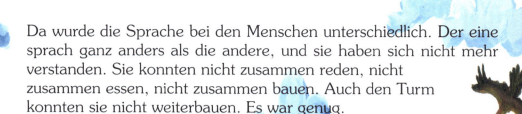

Erinnerungen

Viele, viele Jahre später.
Sie treffen sich im Geheimen.
Die Öllampe brennt nur ganz klein. Niemand soll es sehen.
Der König soll nichts von ihrem Treffen wissen, und die anderen mächtigen und reichen Leute auch nicht.

„Es steht nicht gut um unser Volk.
Es hat Gottes Wege verlassen."

„Früher, bei König David, da war es noch anders gewesen.
Da haben wir noch gesagt: *Wenn in einem Volk Gerechtigkeit herrscht, dann geht es ihm gut.*
Und heute? Wer sorgt für Gerechtigkeit? Wer kümmert sich um die armen Menschen, wer gibt den Waisenkindern und den Witwen zu essen?"

„Früher, bei König David, da war es noch anders. Da hat er gesungen:
Gott ist mein Licht und mein Heil. Gott ist meines Lebens Kraft.
Und heute? Hier ein Göttchen für den Regen, dort ein Göttchen für die Sonne. Überall Zauberer und Wahrsager, überall geheime Kräfte von den Sternen. Gott verschwindet aus dem Leben."

„Aber wir haben die Propheten. Die Gottesmänner und Gottesfrauen. Sie sind mutig. Sie sagen laut, wie es ist. Bei den Königen sind sie deshalb unbeliebt, bei den Mächtigen verhasst."
„Aber sie reden in Gottes Namen, Gott selbst hat ihnen den Auftrag gegeben. Sie rufen, wenn alle in die Irre gehen."

„Elia war ein Prophet. Einer der ersten und einer der größten."
„Auch seine Geschichten sollten wir aufschreiben."
„Pssst! Nur im Geheimen. Die Könige sollen nichts davon erfahren."

Elia und die Dürre

Es fällt kein Regen mehr.
Tagelang. Wochenlang. Alles verdorrt. Das Getreide auf den Feldern vertrocknet.
Die Menschen rufen zu Gott: „Hilf uns! Bring Regen! Sonst leiden wir Hunger und Durst."
Manche Menschen rufen auch einen anderen Gott: „Baal, du Regengott, schicke uns Regen!"
Die Königin lässt sogar einen Tempel bauen für Baal, den Regengott. Immer mehr Menschen kommen zu diesem Tempel. Haben sie Gott vergessen?

Am neuen Tempel gibt es ein Fest für Baal, mit Theater und Musik und Tanz. Viele, viele Menschen kommen zusammen, sogar der König und die Königin stehen dort. Haben sie Gott vergessen?

Da kommt Elia, ein Prophet, ein Gottesmann. Plötzlich steht er vor dem Königsthron:
„Ihr habt Gott verlassen und betet zu Baal. Darum sagt Gott: Es wird kein Regen mehr fallen, und die Dürre wird überall sein."
Die Königin schreit vor Zorn: „Er stört unser Fest für Baal. Packt ihn. Werft ihn ins Gefängnis!" Doch Elia ist schon verschwunden.

Da kommt die Dürre ins Land, schlimmer als je zuvor. Drei Jahre lang dauert sie, und sie kommt bis in die Herzen der Menschen. Die Brunnen haben kein Wasser, die Menschen sind verzweifelt.

Elia! Wo ist Elia? Wo ist der Gottesmann? Kann er nicht helfen?

Elia hat sich versteckt. Dort im Jordantal, ganz hinten, da gibt es doch tatsächlich noch ein Bächlein mit etwas Wasser. Dort ist Elia. Es kommen sogar Vögel und bringen Elias etwas zum Essen. Bei Elia ist keine Dürre.

Immer noch kein Regen. Die Menschen schreien zu Baal, dem Regengott. Andere schreien zu Gott. Viele schreien zu beiden, und mache sind ganz stumm.

Drei Jahre dauert die Dürre.
Dann kommt Elia wieder.

Elia am Karmel

Drei Jahre dauert die entsetzliche Dürre im Land Israel.
Doch dann geschieht etwas: „Kommt, kommt alle! Kommt zum Berg Karmel! Elia ist da. Und der König. Und lauter Baalspriester."
Die Menschen strömen zum Karmel. Tatsächlich – da sind Elia und der König.

Elia tritt vor und redet laut: „Wie lange soll die Dürre noch dauern? Ihr betet zu Baal und auch zu Gott. Entscheidet euch! Wir wollen sehen, welcher Gott Macht hat.
Hört zu: Macht dort einen Feuer-Altar für Baal und einen für Gott. Legt Holz darauf – aber zündet es nicht an. Dann ruft ihr Baal an und ich Gott. Und wenn ein Gott mit Feuer antwortet, dann ist es der richtige Gott!"
„Ja, ja!" rufen alle, „ja, so machen wir es."

Die beiden Altäre werden aufgebaut und die Baalspriester beginnen.
„Baal, erhöre uns!", rufen sie und machen ihre Tänze um den Altar, „Baal, schicke Feuer!" Doch nichts passiert.
„Baal, erhöre uns!" Lauter und wilder schreien sie, mehr und mehr. Sie nehmen Messer und ritzen sich in die Arme, dass das Blut tropft.
„Baal, trinke unser Blut, höre uns!" Wilder und wilder wird der Tanz.

Elia lacht: „Schneller! Lauter! Vielleicht schläft euer Baal!"
Die Priester sind völlig erschöpft. Sie sinken neben ihrem Altar zu Boden.

Da steht Elia auf und geht zu dem anderen Altar. Ganz still wird es. Elia hebt die Hände und ruft: „Gott, zeige deine Macht, damit alle sehen, dass du der lebendige Gott bist."
Und plötzlich brennt das Holz auf Elias Altar!
„Wie kann denn das sein?"
„Hast du das gesehen?"
„Elias Gott ist der richtige!"
„Das Feuer brennt an Elias Altar!"
„Wo kommt denn das Feuer her?"
„Nieder mit Baal!"
Und dann rufen alle: „Elia, dein Gott ist der richtige. Wir wollen den Baal nicht mehr." Die Priester des Baal werden ergriffen, oh weh, sie werden alle erschlagen.

„Das Feuer brennt an Elias Altar!"
„Aber schau doch einmal in den Himmel!"
„Was für eine riesengroße Wolke!"
„Es regnet, es regnet!"
Ein großer Regen kommt über das ganze Land. Wasser, Wasser überall. Die Brunnen füllen sich wieder, die Pflanzen können wieder wachsen.
Die Menschen jubeln:
„Regen, Regen!"
Die Dürre ist zu Ende.

Elia in der Wüste

Gewonnen!
Der Kampf gegen Baal war gewonnen. Alle hatten sie gerufen: „Elia, dein Gott ist der richtige."

Da kommt ein Bote der Königin zu Elia: „Eine Nachricht für dich, Elia. Du bist schuld am Tod der Baal-Priester. Es soll dir schlecht ergehen. Morgen werde ich dich töten lassen!"
Da erschrickt Elia zutiefst, und er wurde voller Angst. Schnell weg! Nach Süden, in die Wüste.
Es ist ein weiter Weg nach Süden. Elia kommt durch viele Dörfer. Er muss sich oft verstecken. Er sieht: es gibt überall noch Altäre des Baal. Er sieht viele Menschen, die schon wieder zu Baal beten. Elia ist nicht nur voller Angst vor der Königin, er ist auch voller Wut und voller Enttäuschung.
„Warum habe ich gekämpft? Warum habe ich die Baal-Priester besiegt? Ich wollte doch alles so gut machen, besser als alle vor mir.

Und jetzt rufen sie trotzdem immer noch zu Baal und die Soldaten der Königin verfolgen mich."
Weiter und weiter läuft Elia, bis in die Wüste. Unter einem trockenen Strauch wirft er sich zu Boden. „Ich will sterben, Gott. Ich bin gescheitert." In all seiner Angst und Traurigkeit schläft er ein.
Was ist das? Was ist dort bei Elia?
Ein Engel rührt Elia sanft an und weckt ihn. „Steh auf!", sagt er, „bleib nicht einfach liegen. Iss etwas, trink etwas."
Brot steht da und ein Krug Wasser. Elia isst und trinkt. Dann schläft er wieder ein.

Was ist das? Wieder ist ein Engel da. Er rührt Elia sanft an und weckt ihn. „Steh auf!" sagt er, „bleib nicht einfach liegen. Iss etwas, trink etwas. Du sollst einen weiten Weg gehen."
Brot steht da und ein Krug Wasser. Elia isst und trinkt. Er schläft nicht wieder ein. Die Speise hat ihm wunderbare Kräfte verliehen. Er kann einen langen Weg durch die Wüste gehen. Vierzig Tage und Nächte geht Elia, dann ist er am Gottesberg, am Sinai, angekommen.

Elia am Horeb

Der Gottesberg. Der Sinai. Hier hatte Gott mit Mose gesprochen, vor langer, langer Zeit. Heute heißt der Berg Horeb. Wird Gott hier mit Elia sprechen?

Eine Höhle am Berg. Elia geht hinein.
Er schreit: „So viele in Israel haben dich verlassen, sie sind zu Baal gegangen. Aber ich habe für dich gekämpft, Gott. Und jetzt verfolgt mich die Königin."
Da hört Elia Gottes Stimme: „Elia! Gehe an den Eingang der Höhle. Du wirst mich erleben."

Sturm kommt auf. Er brüllt über die Berge. Urgewaltig. Zerstörerisch. Felsen zerreißen. Steine poltern.
„Nein,", sagt Elia, „das ist nicht Gott."

Die Erde beginnt zu zittern. Sie schwankt. Nichts steht mehr fest. Alles erbebt. Urgewaltig. Zerstörerisch. Hohes senkt sich, Tiefes steigt auf.
„Nein,", sagt Elia, „das ist nicht Gott."

Feuer. Ein riesiges Feuer tobt über den Berg. Es reißt alles mit. Es frisst alles auf. Urgewaltig. Zerstörerisch. Nur Asche bleibt zurück.
„Nein,", sagt Elia, „das ist nicht Gott."

Dann wird es still. Gewaltig still.
Gerade noch zu hören: ein Lufthauch. Ein sanftes, stilles Flüstern der Luft.
„Ja,", sagt Elia, „das ist Gott."
Er verhüllt sein Gesicht und tritt zu Gott vor die Höhle.

Dort hört er Gott im Lufthauch reden. „Elia! Geh und salbe den Hauptmann Jehu zum neuen König von Israel. Er wird die Baal-Altäre zerstören. Die Tage der Königin sind zu Ende."

Elia geht vom Berg Horeb wieder weg.
Er geht den ganzen Weg zurück.
Eine neue Aufgabe wartet auf ihn.

Angeklagt von Amos

Immer mehr Menschen in Israel werden arm. Kein Geld, kein Essen, keine Wohnung.
Die ganze Familie ist arm. Der Vater, die Mutter, die Großeltern, alle Kinder.
Andere Familien im Dorf sind auch arm.
Früher, ja, da waren sie Bauern gewesen, hatten einen eigenen Acker, jedes Jahr eine Ernte. Reich waren sie nicht, aber gereicht hat es immer.
Dann kamen die Heuschrecken, fraßen alles auf, ihre ganze Ernte. Keiner hat ihnen geholfen. Und jetzt: arm. Keinen eigenen Acker mehr. Keine Arbeit auf den Feldern. Höchstens mal für einen Tag.

Die reichen Leute sind immer reicher geworden. Sie lassen alle Arbeit von anderen machen, sie zahlen nur noch Hungerlöhne. Sie können den Preis für das Brot immer höher setzen. Sie lachen über die armen Leute. „Verschwindet!", rufen sie, „ihr stört unser Wohlbefinden."
Die armen Leute sitzen auf dem Marktplatz. Sie schauen zu Boden. Was sollen sie auch tun?
„Faules Pack!" ruft ihnen wieder jemand zu, ein vornehmer Mensch, edel gekleidet.

Da springt Amos dem vornehmen Mann in den Weg. Amos, ein Gottesmann, ein Prophet. Er ruft:

So spricht Gott zu euch:
Wehe euch, die ihr die Armen bedrückt
und die Elenden im Lande zugrunde richtet!
Niemals will ich diese Untaten vergessen!

Die armen Menschen heben den Kopf. Das war ein gutes Wort von Amos. Hat Gott sie nicht verlassen?

Auf dem Festplatz hält ein Priester einen Gottesdienst. Harfenmusik ertönt, feierliche Gesänge sind zu hören. Ein Tier wird geschlachtet, das Fett wird verbrannt – für Gott. Das Fleisch wird gekocht – für alle. So ist die Vorschrift des Gottesdienstes. Es riecht lecker nach dem guten Essen. Die Musik spielt wunderschön.
Das Fleisch ist für alle? Nein, nicht für die armen Leute. Die dürfen nicht dazukommen. Nur die reichen Leute essen gemeinsam.
Da springt Amos dazwischen, der Gottesmann, der Prophet. Er schreit:

So sagt es Gott:
Ich mag eure Versammlungen nicht riechen,
die Speiseopfer gefallen mir nicht.
Tut weg das Geplärr von euren Liedern,
das Harfenspiel mag ich nicht hören.
Lasst aber Gerechtigkeit walten, dass alle leben können!

Die reichen Leute schimpfen auf Amos:
„Er stört unsere heiligen Versammlungen!"
Aber die armen Leute sagen:
„Gott hat uns nicht vergessen. Es soll Gerechtigkeit kommen, dass alle satt zu essen haben. So will Gott es haben!"

Die Buchrolle von Jeremia

Am großen Tempel von Jerusalem steht Jeremia, der Gottesmann, der Prophet.
Er redet zu den Leuten:

Bessert euer Leben und eure Taten.
So sagt es Gott:
Tut Recht, einer gegen den anderen.
Bedrückt nicht mehr die Fremden im Land,
helft den Waisen und Witwen, um die sich niemand kümmert.
Und lauft nicht anderen Göttern nach.
Geht nicht einfach in den Tempel und sagt:
Hier ist des Herrn Tempel, hier kann uns nichts geschehen.
Bessert euch! Bessert euer Leben!

Die Menschen am Tempel sind entsetzt: „Ist es so schlimm in unserem Land? Wir müssen etwas tun. Wir werden es dem König melden. Jeremia soll dort reden, damit es im Land besser wird."

Jeremia hat alle diese Worte aufschreiben lassen. Sein Schreiber Baruch kommt mit der ganzen Buchrolle zum König. Was wird passieren, wenn der König das alles hört? Wird er erschrecken? Wird alles besser?

Der König hört ein paar Sätze:
Tut Recht, einer gegen den anderen. Bedrückt nicht mehr die Fremden im Land ...
Dann hebt er die Hand. „Halt!" Er nimmt ein Messer und schneidet das Vorgelesene aus der Buchrolle. Er wirft es ins Feuer. Es verbrennt.

„Lies weiter!"
Der Schreiber Baruch liest weiter:
... helft den Waisen und Witwen, um die sich niemand kümmert. Und lauft nicht anderen Göttern nach.
„Halt!" Der König nimmt ein Messer und schneidet das Vorgelesene aus der Buchrolle. Er wirft es ins Feuer. Es verbrennt.
„Lies weiter!"
Die ganze Buchrolle wird vorgelesen. Die ganze Buchrolle wird verbrannt.
So macht sich der König lustig über den Propheten, den Gottesmann, und niemand protestiert dagegen.

Gott redet zu Jeremia: „Der König hat die Worte verbrannt, die dein Schreiber in meinem Namen gesagt hat. Er hat mich verlacht. Ich werde ihn bestrafen. Ich werde das ganze Volk bestrafen, das all dieses Unrecht mitmacht. Die Stadt wird zerstört werden.
Du aber, Jeremia, geh zu deinem Schreiber und lasse diese Worte wieder aufschreiben. Denn kein Feuer soll zerstören, was in meinem Namen gesagt wurde."

Da lässt Jeremia alles wieder neu aufschreiben. Und er fügt hinzu:

So spricht Gott:
Wo ist jemand, der zu Boden fällt
und nicht gern wieder aufsteht?
Wo ist jemand, der vom Weg abirrt
und nicht versucht, den Weg wieder zu finden?
Warum will denn dieses Menschenvolk
immerfort in der Irre verharren?
Niemand ist, den seine Bosheit reute
und der fragt: Was habe ich getan?

Weissagungen von Jesaja

Der König von Babylon ist mächtig. Seine Soldaten sind stark. Er erobert viele Länder.
Der König von Babylon kämpft auch gegen Israel. Er gewinnt. Jerusalem wird zerstört. Viele Menschen werden in Gefangenschaft geführt.
Gott greift nicht ein. Zu oft wurden seine Propheten verlacht.

Die Menschen in Jerusalem rufen:
„Wenn die Stadt zerstört ist,
wenn die feindlichen Soldaten gesiegt haben –
wer gibt uns dann noch Hilfe?
Wer nimmt uns in den Arm und tröstet uns?"

„Gott will euch trösten",
sagt Jesaja, der Gottesmann, der Prophet,
„die Zerstörung soll ein Ende haben."

Die Menschen kommen zu Jesaja:
„Wir haben so viel Unglück erlebt.
Die Feinde haben alles zerstört.
Hast du ein gutes Wort für uns?"

Da sagt Jesaja:
*„Fürchtet euch nicht, ihr armes Würmlein.
Gott sagt es euch: Ich helfe euch.
Den Müden gebe ich wieder Kraft,
sie sollen stark werden wie ein Adler!"*

Die Menschen kommen zu Jesaja:
„Die Feinde sind übermächtig,
die Soldaten sind zu stark.
Mit ihren Stiefeln zertreten sie alles.

Es wird finster in uns,
eine große Finsternis."

Da sagt Jesaja:
„Wer im Finstern ist,
der soll ein großes Licht sehen.
Hell scheint es,
laut ist der Jubel
denn Stiefel der Soldaten werden im Feuer verbrannt.
So sagt es Gott:
Ein Kind wird geboren,
ein kleines Kind wird die Herrschaft bekommen.
Ein Kind voller Weisheit,
und es wird Friede kommen,
Frieden ohne Ende!"

Erinnerungen

Auch die Frauen saßen zusammen und redeten über Gott und seine Geschichten.

Viele Leute dachten damals, dass die Frauen nicht über Gott reden können, jedenfalls nicht so richtig. Eine merkwürdige Vorstellung war das!

Aber natürlich saßen auch die Frauen zusammen und redeten über Gott und seine Geschichten.
Manchmal taten sie es heimlich.
Vielleicht haben sie die Geschichten auch etwas anders erzählt.
Vielleicht haben sie dabei einen Tanz zur Ehre Gottes gemacht.

Vielleicht kennen wir nicht alle Geschichten von ihnen.
Ihre Treffen waren ja meistens heimlich.
Oder sie geschahen auch ganz nebenbei, vielleicht beim Wasserholen am Brunnen.

Niemand weiß, welche Geschichten sie erzählten und die Männer nicht.
Niemand weiß, welche Lieder sie gerne gesungen haben.

Aber stelle dir vor: Es standen einige Frauen zusammen am Brunnen. Es dauerte, bis sie ihre Krüge gefüllt haben. Dabei kann man erzählen und sich köstlich amüsieren, z.B. über den dummen Propheten Jona. Der meinte, er weiß alles über Gott, und dabei macht er alles falsch …

Jona und der Fisch

„Jona!"
Wer hat da gerufen?
„Jona!"
Gott hat gerufen!
„Jona! Gehe nach Ninive, in die schlimme Stadt. Sage ihr, dass ich sie zerstören will."

Nach Ninive? Jona schüttelt den Kopf. Dahin geht er nicht, niemals. Jona macht sich auf den Weg. Aber er geht in die andere Richtung. Nur weg von Ninive, nur weg von diesem Auftrag, nur weg von Gott.

Jona kommt zum großen Meer. Er geht bis zur Hafenstadt. Er sucht ein Schiff, das weit weg fährt von Ninive, weg von diesem Auftrag, weg von Gott.
„Du musst aber bezahlen", sagt der Kapitän und verlangt einen ordentlichen Preis.
Jona bezahlt. Dann verkriecht er sich im Schiff, ganz unten im Bauch des Schiffes liegt er und schläft ein.
„Anker los!" Das Schiff fährt aus dem Hafen. Die Sonne scheint. Aber nicht lange. Als das Schiff auf dem Meer ist, bricht ein Sturm los.

Gott sieht das Schiff. Er sieht Jona im Schiff. Gott hat den Sturm über das Meer geschickt.

Die Seeleute auf dem Schiff kämpfen gegen den Sturm. Sie reffen die Segel, sie steuern gegen den Wind, sie werfen Ladung über Bord. Es hilft nichts. Der Sturm ist stärker.
„Betet!", ruft der Kapitän, „betet, jeder zu seinem Gott!" Da beten die Seeleute, einer zu Neptun, einer zu den Sternen. Es hilft nichts, der Sturm ist stärker.

Jona wird geholt. Er weiß, was der Sturm bedeutet. „Werft mich ins Meer. Dann wird es ruhig werden." Die Seeleute werfen Jona ins Meer. Er versinkt. Das Meer wird ruhig.

Gott sieht Jona. Gott schickt einen ganz großen Fisch zu Jona, der reißt sein Maul auf und verschluckt den Jona. Ganz und gar!

Da hockt Jona im Bauch des Fisches. Jetzt kann er nicht mehr weglaufen. Drei Tage und drei Nächte bleibt er im Bauch des großen Fisches.
Er kommt zur Besinnung. Er betet:
„Ich bin weggelaufen.
Ich bin gefallen bis in die tiefste Tiefe,
bis an die Wurzeln der Erde.
Du willst mich leben lassen, Gott.
Dann will ich deinen Auftrag erfüllen."

Der Fisch schwimmt ans Ufer. Er rülpst laut und spuckt Jona aus.

Jona und Ninive

Wie groß ist Ninive!
Drei Tage muss man laufen, um hindurchzugehen.
Wie schlimm ist Ninive!
Alles ist voller Geld und Gold, aber die armen Leute haben kein Brot zum Essen. Die Kinder betteln. Soldaten kommen und schlagen sie.

Jona steht auf dem großen Platz. Er ruft laut:
„Gott wird diese Stadt zerstören. Noch 40 Tage, dann ist alles kaputt!"
Und er denkt: „Jetzt schnell weg, bevor sie mich auch noch schlagen." Er läuft aus der Stadt.

Er sieht nicht mehr, wie erschrocken die Leute über seine Worte sind, wie sie miteinander tuscheln.
„Noch 40 Tage?"
„Oh weh, dann ist unsere Stadt kaputt."
„Es ist ja auch nicht richtig, wie wir leben. Einige sind reich und andere bitterarm."
„Und die Kinder müssen betteln."
„Wir sollten uns ändern."
„Ja, vielleicht ist Gott dann gnädig und lässt unsere Stadt leben."

Es ist kaum zu glauben. Die Leute in Ninive ändern sich. Sie beginnen ein großes Fasten: Sie essen nichts mehr. Gar nichts. Sie verteilen ihr Essen an die Kinder. Ihre kostbaren Kleider geben sie den Armen. Sogar der König macht mit. Er steigt vom Thron herab und setzt sich in eine Schale mit Asche, so verzweifelt ist er.
„Gott, lass Ninive leben! Sei gnädig mit uns. Wir wollen anders leben."

Jona hat davon nichts gemerkt. Er ist schon längst aus der Stadt heraus. Er sitzt auf dem nächsten Berg, hat sich ein gemütliches

Plätzchen gesucht und wartet. Er will zugucken beim Untergang von Ninive.
40 Tage fasten die Menschen in Ninive.
40 Tage rufen sie: „Gott, sei gnädig!"
40 Tage sitzt Jona auf dem Berg und freut sich auf den Untergang.
Nach 40 Tagen sagt Gott: „Ninive hat sich geändert. Ich bereue meinen alten Plan. Ich will die Stadt nicht mehr zerstören."

Die Menschen in Ninive jubeln.
Aber Jona ist wütend. „Das darf doch nicht wahr sein! Erst soll ich sagen, dass Ninive kaputt geht, dann sage ich es endlich, und dann zerstörst du es doch nicht. Nichts als Ärger habe ich mit dir, Gott!"

Da redet Gott noch einmal mit ihm: „Jona! Schau die Menschen in der Stadt, schau, wie sie sich geändert haben. Da kann ich doch nicht alles zerstören. Du denkst immer nur an dich. Schau den König an. Denk an die ganzen Tiere in Ninive. Ich habe Mitleid mit ihnen allen. Sie sollen leben. Meinst du nicht?"

Hiob

Hiob ist ein frommer Mensch. Jeden Tag betet er zu Gott.
Hiob ist ein reicher Mensch. Er hat große Schafherden, viele Rinder und auch eine große Familie.
Hiob ist ein kräftiger Mensch. Er ist kerngesund und voller Lebensfreude.

Da passiert das große Unglück. Die Schafherden werden gestohlen. Die Räuberbanden stehlen auch die vielen Rinder. Und am Schlimmsten: Das Haus seiner Familie stürzt ein. Seine Kinder sind tot. Welch ein Unglück!

Doch Hiob ist ein frommer Mensch. Er betet zu Gott: „Alles ist mir genommen. Doch ich lobe den Gott des Himmels und der Erde."

Aber Hiobs Unglück ist nicht zu Ende. Er wird krank, sehr krank. Er hat Ausschlag an der Haut. Alles juckt und tut weh.
Hiob ist ein frommer Mensch. Er schreit zu Gott: „Gott, warum kommt so viel Unglück über mich? Warum hilfst du mir nicht?" Doch Gott schweigt.

Freunde kommen zu Hiob: „Wir haben von deinem Unglück gehört, Hiob. Bestimmt hast du heimlich etwas Schlimmes angestellt und Gott bestraft dich dafür."
„Nein, nein", sagt Hiob, „nichts Schlimmes habe ich getan. Warum hilft Gott mir nicht?"
Andere Freunde sagen: „Du musst das Unglück annehmen, ohne zu klagen."
„Nein, nein", sagt Hiob, „immer habe ich mit Gott geredet. Jetzt will ich ihn fragen, warum er nicht hilft."

Andere Freunde sagen: „Du solltest das mit Gott ganz lassen. Vergiss ihn. Es bringt nichts."
„Nein, nein, nein!", sagt Hiob, „ich will weiter mit Gott reden. Das ist das letzte, was ich noch habe. Aber er soll sagen, warum ich so leiden muss."
Da verlassen ihn die Freunde.

Hiob weint und schreit: „Warum ist es so? Hilf mir, Gott!"
Da spricht Gott mit Hiob:
„Hiob! Du bist ein Mensch und ich bin Gott. Du kannst nicht alles verstehen. Oder warst du dabei, als ich die Welt machte, die Sonne und den Wind? Ich bin Gott. Und oft bin ich rätselhaft für euch Menschen."
„Ja", sagt Hiob, „ich begreife. Nicht alles kann ich verstehen. Nicht alles kann ich ändern."

Als er das aussprach, wurde seine Haut wieder gesund. Da freute er sich und sein Lebensmut kehrte zurück.

So wurde Hiob doch noch ein zufriedener Mensch, und auch Schafe und Rinder und eine große Familie hatte er am Ende seines Lebens.

Die Schöpfungsgeschichte

Am Anfang, vor aller Zeit, als noch nichts war, am Anfang war Gott.

Und mit dem großen Knall machte er Himmel und Erde, Masse und Energie, und sein Geist schwebte über den Urmeeren des Universums.
Da sagte Gott: „Licht!" Da wurde das Licht.
Gott sah es an und sagte: „Gut so!"
Das war der erste Tag.

Und Gott trennte das Chaos der Urmeere von der Erde.
Gott sah es an und sagte: „Gut so!"
Das war der zweite Tag.

Und Gott trennte das Wasser der Erde von dem festen Land.
Gott sah es an und sagte: „Gut so!
Nun kann das Leben beginnen."
Und im Wasser und an Land entstanden aus Gott Gräser und Kräuter, Bäume und Algen und alles, was grün ist. Und Gott sah es an und sagte: „Gut so!"
Das war der dritte Tag.

Da setzte Gott einen Rhythmus für das Leben, ein großes Licht für den Tag, ein kleines für die Nacht. Und Gott sah es an und sagte: „Gut so!"
Das war der vierte Tag.

Da sagte Gott:
„Es wimmle das Wasser von lebendigen Tieren, und in den Lüften des Himmels sollen Vögel fliegen." Und es entstanden Krebse und Schnecken und Kraken im Wasser, Plankton und große Wale. Und in den Lüften flogen Vögel, Schmetterlinge, Fliegen und der große Adler. „Gut so!" sagte Gott, „seid fruchtbar und werdet mehr und mehr.
Das war der fünfte Tag.

Da sagte Gott: „Auf dem festen Land sollen sie auch leben, das Vieh und die Würmer und Tiere des Feldes." Und auf dem festen Land waren Tiere, Schafe und Elefanten, Meerschweinchen und Dinosaurier.
Gott sah sie alle an und sagte: „Gut so! Aber eins fehlt noch: Menschen. Geschöpfe, die ein Abbild von mir sein können." Und er schuf den Menschen, eine Frau und einen Mann.
„Seid gesegnet, ihr Menschen, seid fruchtbar und werdet mehr und mehr. Und achtet auf die Meere und den Himmel und alle Tiere und alles, was grün ist, denn es ist gut so."
Das war der sechste Tag.

Zuletzt machte Gott eine große Ruhe. Auch er selber ruhte sich aus.
Das war der siebte Tag.

Deswegen ruhen auch die Menschen sich aus an jedem siebten Tag.

Erinnerungen

Sie saßen zusammen, Männer und Frauen.

Wenn sie sich Geschichten erzählten,
dann waren es besonders die Geschichten von Jesus.
Seit den Ereignissen von Ostern nannten sie Jesus
auch den Gottessohn, den *Jesus Christus*.

Sie begannen seine Geschichten überall zu erzählen,
die ganze Welt sollte es hören.
Sie nahmen alle in ihre Gemeinschaft auf und tauften sie,
auch die Versager, die Bettler, die Sklaven – Männer und Frauen.
Sie waren deshalb nicht beliebt bei den mächtigen Menschen,
so wie es bei Jesus auch war.

Sie teilten ihren Besitz untereinander
und feierten ihre Gottesdienste mit Brot und Wein,
wie Jesus bei seiner letzten Mahlzeit vor dem Tod.
Und sie erzählten immer wieder seine Geschichten.

Erst später haben gelehrte Leute alles aufgeschrieben,
Markus, Lukas, Matthäus und Johannes.

Bei Lukas beginnt das Buch mit Geschichten vom Engel.
Und mit Maria.

Der Engel bei Maria

Maria ist eine junge Frau. Sie geht zum Brunnen. Sie holt Wasser, so wie es viele Frauen in der Stadt Nazareth tun.
Maria ist verlobt. Sie denkt: „Bald werden wir heiraten, der Josef und ich. Er ist Zimmermann. Er wird ein Haus für uns bauen. Da werden wir wohnen – und viele Kinder haben."
Maria freut sich. Bald soll die Hochzeit sein.

Maria ist zu Hause angekommen. Sie stellt den Wasserkrug ab. Da hört sie eine Stimme: „Sei gegrüßt, du Begnadete. Gott ist mit dir."
Maria bekommt einen riesigen Schreck. Wer spricht da? Die Angst kriecht ihr ins Herz. Was ist das? Dort, schau nur, mitten im Raum – leuchtend hell – unbeschreiblich – ein Engel?

Es ist ein Engel, von Gott gesandt. Er spricht weiter: „Fürchte dich nicht Maria!"
Da lässt der Schreck in Maria etwas nach, die Angst weicht aus ihrem Herzen.
Sie hört weiter: „Maria, du wirst ein Kind bekommen, einen Sohn. Du hast das Kind schon in dir. Du sollst es Jesus nennen."
„Wie kann das sein?" flüstert Maria, „Josef und ich sind noch nicht verheiratet. Wir waren uns noch nicht nahe. Und jetzt ist ein Kind in mir?"
„Ein besonderes Kind", sagt der Engel, „ein Gotteskind. Mit diesem Kind wird der Traum der Erlösung für die Menschen wahr werden."

Maria schweigt. Sie überlegt. Sie bewegt die Worte des Engels in ihrem Herzen: …du Begnadete …ein Gotteskind …Traum der Erlösung …
Dann sagt sie: „Wenn Gott es so will, wie du es sagst, dann soll es auch so geschehen. Ich werde dieses Kind bekommen, und ich werde es Jesus nennen."

Da verschwindet der Engel. Maria ist wieder allein.

Die Weihnachtsgeschichte

Maria sitzt auf dem Esel. „Nach Bethlehem! Wieso nach Bethlehem? Das Kind kann jeden Tag kommen, und ich reite nach Bethlehem."
Sie schimpft. „Nur weil Josefs Vorfahren aus Bethlehem kommen – und weil der blöde Kaiser in Rom das so angeordnet hat, muss ich nach Bethlehem. Alles wegen der Steuerlisten, natürlich!"
Ein Schmerz durchzuckt Maria.
„Josef! Ich kann nicht mehr! Das Kind kommt bald, ich spüre es!"
Josef zeigt nach vorne. „Dort, siehst du, das ist Bethlehem. Dort finden wir ein Quartier."
Er klopft bei der ersten Herberge. Der Wirt öffnet: „Noch mehr Gäste!" sagt er, „es ist schon alles voll. Schaut selber!"
Wieder durchzuckt Maria ein Schmerz. „Josef! Schnell! Das Kind kommt!"
Der Wirt tritt beiseite. „Kommt herein, in Gottes Namen. Wir müssen zusammenrücken. Dort, wo meine Schafe stehen, da ist noch

Platz." Er schaut auf Maria: „Ich bringe frisches Stroh. Dann könnt ihr euch hinlegen!"

Marie bringt in der Nacht ihr Kind zur Welt.
Josef nimmt das Baby ganz zart auf den Arm. Er wickelt es in ein großes Tuch und legt es in den Futtertrog der Schafe, in die Krippe.

Da klopft es wieder. Der Wirt öffnet. „Kein Platz mehr, wirklich!" Doch es treten ein paar Männer ein. Sie riechen nach Rauch und nach Schaf. Sie gehen zu dem Kind in der Krippe. Sie knien nieder. „Es ist wahr", murmelt einer, „der Heiland der Welt!"

Josef fragt sie leise: „Wer seid ihr? Was macht ihr bei unserem Kind?"
„Wir sind Hirten", sagt einer. Wir haben etwas erlebt, das war so unbeschreiblich schön – Gottes Engel haben für uns Hirten gesungen. Und sie haben erzählt, uns sei heute der Heiland geboren, hier bei den Schafen in der Krippe."
„Es ist wahr!", sagt wieder einer, „schaut das Kind. Ein Gotteskind!"

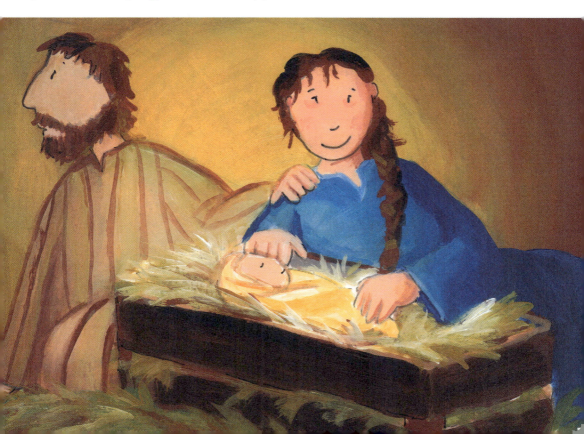

Taufe und Versuchung Jesu

Fast 30 Jahre ist Jesus alt. Dann geht er zu Johannes ins Jordantal. Johannes ist ein wilder Kerl. Er redet so, dass die Leute Angst bekommen: „Ihr Schlangenbrut! Ihr seid wie ein Baum, an dem man schon mit der Axt an die Wurzel schlägt. Ändert euch!"
Aber er tauft die Leute auch. „Ändert euch, kehrt um zu Gott, lasst euch taufen! Dann seid ihr gerettet."
Im Jordanfluss wurden die Leute von Johannes getauft. Deswegen nennt man ihn auch: Johannes der Täufer.
„Ich taufe nur mit Wasser", sagt er, „aber bald kommt einer, der tauft mit Gottes Geist. Seid bereit für ihn!"

„Ich will mich von dir taufen lassen", sagt Jesus. Johannes schaut ihn an. Es ist ein langer Blick. Ganz verwundert ist Johannes. Dann winkt er ihn zum Fluss. Jesus geht in das Wasser, taucht unter, Johannes steht daneben und murmelt die Taufgebete. Und in diesem Moment sehen manche, wie der Himmel sich öffnet und Gottes Geist wie eine Taube auf Jesus herabfliegt. Und manche hören eine Stimme aus dem Himmel kommen: „Das ist mein Gottessohn, auf ihn sollt ihr hören."
Dann taucht Jesus aus dem Wasser wieder auf und geht schweigend weg von Johannes und allen Menschen dort.

Bis in die Wüste geht Jesus, wo nur Steine und Dornen und trockene Erde ist. Kein Mensch ist bei ihm, und Jesus isst und trinkt nichts vierzig Tage lang. Er will auf Gott hören und erfahren, was seine Lebensaufgabe ist.

Nach vierzig Tagen kommt das Böse in Gestalt eines Menschen, und es spricht zu Jesus: „Du hast Hunger, nicht wahr? Schau die Steine an, du kannst sie zu Brot machen. Alle Menschen werden satt."
„Nein!", sagt Jesus, „vom Brot alleine wird man nicht satt."
Da nimmt der Böse ihn mit auf einen hohen Berg: „Ich zeige dir alle Königreiche der ganzen Welt. Sie alle gehören mir. Ich will sie dir geben, wenn du vor mir niederfällst und ich dein Gebieter bin."
„Nein!", sagt Jesus, „die Macht der Könige will ich nicht."

Da führt ihn der Teufel in die Stadt Jerusalem, auf den höchsten Turm: „Spring herunter!" sagt er, „es passiert dir nichts. Du weißt, dass Engel kommen und dich tragen. Und viele Menschen sehen es und werden begeistert von dir sein."
„Nein!" sagt Jesus, „diese Begeisterung will ich nicht."

Da verschwindet das Böse.
Und es kommen Engel und versorgen Jesus.

Jünger und Jüngerinnen

Jesus zieht durch die Dörfer seines Landes. Er spricht zu den Menschen. Er sagt: „Gott ist nicht wie ein unbarmherziger Herrscher im Himmel. Er ist vielmehr wie ein gütiger, liebevoller Vater."
Die Menschen hören Jesus gerne zu. Alles Schwere weicht aus ihren Herzen, wenn er spricht.

„Ihr drei Fischer!", sagt er einmal, als er am See steht, „fahrt hinaus und werft die Netze aus."
„Das ist Unsinn!", antwortet der eine, „nicht jetzt am helllichten Tag. Da fängt man nichts." Doch dann schauen die drei ihn an: „Na gut, wenn du es sagst, Jesus, dann machen wir es."
Sie fahren hinaus. Sie werfen die Netze. Sie wollen sie wieder ins Boot ziehen. Die Netze sind schwer, so schwer, voller Fische. Das ganze Boot ist voll. Was für ein Fang!
Wo kommen die ganzen Fische her?
Ein Fischer ruft: „Jesus, was hast du getan? Mache nicht solche Gotteswunder in meinem Fischerboot. Ich bin nur ein unbedeutender Mensch, ich verstehe nicht viel von Gott." „Simon", sagt Jesus zu dem Fischer, „rede nicht solchen

Unsinn. Gott ist ein liebevoller Vater für alle, da gibt es keine unbedeutenden Menschen. Kommt mit mir mit, alle drei, begleitet mich, werdet meine Jünger!"
Da lassen sie alles stehen und liegen und kommen mit.

Im nächsten Dorf ist eine Zollstation.
„Die Zöllner hier sind ganz gemeine Leute", sagen sie zu Jesus, „ständig nehmen sie zu viel Geld. Durch ihre Betrügereien sind sie sehr reich geworden. Besser, wir meiden sie, wir gucken sie gar nicht an."
Da ertönt auch schon eine scharfe, laute Stimme: „Halt, ihr Herumtreiber! Stehen bleiben! Zollstation!"
Jesus geht auf den Zöllner zu. Er redet ihn mit Namen an: „Levi! Willst du dein Leben lang in dieser Zollstation sitzen? Komm mit mir mit!"
Levi schaut ihn verblüfft an: „Das hat noch niemand gesagt. Ja, ich komme mit. Ich hasse diese Zollstation."
Und er lässt alles stehen und liegen und kommt mit.

So sammelt Jesus Menschen um sich, die ihn begleiten. Zwölf werden seine Jünger. Auch Frauen zogen mit ihm mit.
„Maria hat einen bösen Geist!", so tuscheln die Leute, „wenn er kommt, dann fängt sie immer an zu schreien. Aber neulich, als Jesus kam, da sind die Geister geflohen. Sie haben geschrien, Maria hat geschrien - dann war es still. Maria ist ganz ruhig geworden, wie erlöst von einem bösen Fluch. „Komm mit mir!", hat Jesus dann gesagt.
„Oder Johanna!", so tuscheln andere, „sie ist die Frau vom Finanzminister des Königs. Sie hat es gesehen, wie Maria verändert war. Da hat sie alles stehen und liegen gelassen und ist Jesus gefolgt."

Mit seinen Jüngern und Jüngerinnen zieht Jesus durch das Land.

Die Heilung des Gelähmten

Vier Freunde kommen zu dem gelähmten Menschen.
„Komm mit!", rufen sie, „wir tragen dich. Das ist die Gelegenheit. Vielleicht kannst du dort deine Lähmung überwinden. Dieser Jesus sagt, dass Gott der Vater aller Menschen ist."
Der Gelähmte schaut zu Boden. „Was wollt ihr von mir? Es ist hoffnungslos. Ich will nicht. Ich kann nicht. Ich bin euch doch nur eine Last."
Doch die Freunde packen den Gelähmten, sie legen ihn auf eine Trage und laufen zu dem großen Haus. Dort spricht Jesus zu den Menschen. Dort wollen sie ihren gelähmten Freund hinbringen.
Doch das Haus ist voller Menschen. Es gibt kein Durchkommen. Kein Bitten hilft. Wie kann ihr kranker Freund zu Jesus kommen?
Die Leute im Haus stehen dicht gedrängt um Jesus. Plötzlich schauen sie nach oben. Es gibt eine große Unruhe.
„Was ist da auf dem Dach?"
„Sie reißen das ganze Dach auf. Ich kann schon den Himmel sehen."
„Das ist ein Tragegestell, mit dem Kranken darauf, mit dem Gelähmten!" Tatsächlich. An vier Seilen hängt die Trage mit dem Kranken. Direkt vor Jesus. Jesus schaut nach oben zu den Freunden und dann zum Kranken. Dann sagt er zu dem Gelähmten: „Dich trennt keine Sünde mehr von Gott."

Im Haus protestieren einige: „Das darfst du nicht sagen, Jesus. Nicht einmal der Priester im Tempel darf so einfach die Sünden wegtun."
„Ihr meint, das darf ich nicht? Ihr meint, das hilft nicht? Dann sage ich noch etwas: Gelähmter, steh auf! Nimm die Trage und geh!"
Da steht der Gelähmte auf. Ja, gibt es denn das? Er nimmt seine Trage, er ruft ganz laut „Gott sei Dank!" und läuft heraus aus dem Haus. Die Leute machen verblüfft Platz.
„Wie kann das sein?"

„War es wirklich der Gelähmte?"
„Wir haben es doch gesehen!"
„Gott ist der Vater aller Menschen!"
„Jesus, wir folgen dir."
„Was für ein wundersames Geschehen"!

Jesus geht aus dem Haus. Er geht weiter in andere Dörfer. Viele, viele folgen ihm.

Ich glaube, am nächsten Tag haben fünf Leute das Dach repariert.

Die Heilung des Bartimäus

Blind!
Nichts kann Bartimäus sehen. Kein freundliches Gesicht, keine schöne Blume.
Keine Arbeit kann er tun, nur betteln.
Jeden Tag sitzt Bartimäus an der Straße nach Jericho. Er hört die Menschen, die Eselskarren. Ganz selten hört er auch, wie jemand ihm eine Münze hinwirft.
Er ruft: „Erbarmen! Ich bin blind! Gebt Almosen! Erbarmen!"
Er tastet in der Schale. Sind ein paar Münzen darin?
Er hört:
Schritte. Hunde hecheln, schnuppern. Ein Esel geht vorbei. Münzengeklimper.
„Danke, mein Herr, für euer Almosen."
Wieder tastet er in der Schale. Was hat man hineingeworfen?
Heute hört er noch mehr:
Schritte, viele Schritte. Unverständliches Gemurmel.
Dann hört er lauter:
„Das muss er sein. Heiland der Welt!"
„Da ist er! Ich sehe ihn!"
Er ruft: „Was ist denn da los?"
„Hosianna! Jesus, Davids Sohn!"
„Lass mich doch auch mal durch!"
„Schau: unser Retter!"
Da ruft Bartimäus: „Jesus! Jesus, erbarme dich!"
Die Leute schimpfen.
„Bist du wohl ruhig!"
„Bartimäus, störe uns nicht, schweig!"
„Pst, der Heiland will reden."

Da schreit Bartimäus: „Jesus, höre mich! Jesus, erbarme dich!"

Da hört er eine fremde Stimme: „Wer ruft da? Komm her!"
Wieder gibt es Getuschel:
„Der Meister hat dich gerufen."
„Welche Ehre. Du hast es gut."
„Ausgerechnet den."
„Komm, ich helfe dir zu ihm."

Er steht auf. Er macht einige unbeholfene Schritte.
Er spürt eine Hand, die ihn vorwärts zieht.
Er hört Trippelschritte von Menschen, die beiseite gehen.
Er hört unverständliches Gemurmel, dann ist Ruhe.
Jesus fragt ihn: „Warum hast du gerufen? Was willst du von mir?"

„Ich will …ich will sehen. Sehen, Herr!"
Licht. Hell. Farben.
„Ich …kann …sehen!"
Die Leute tuscheln.
„Was sagt er? Er kann sehen?"
„Schwindel. Gibt es doch nicht."
„Ein Zauberer. Wunderheiler!"
„Halleluja!"

„Ich …kann …sehen. Jesus, ich sehe dich, du bist voll GottesGeist!"

„Lass mich doch auch mal gucken."
„Ist das wirklich der Blinde?"
„Seht nur - ein Wunder. Ehre sei Gott!"

Bartimäus steht mit großen Augen dabei. Die vielen Menschen! Bäume, Blumen! Die Sonne! Jesus! Was er alles sehen kann. Unglaublich. Was ist mit ihm passiert?

Die Sturmstillung

Der See!
Jetzt sind sie wieder am See. Früher waren sie hier Fischer gewesen, Simon, Jakobus, Johannes. Wie lange ist das her? Es scheint ihnen ewig lang, und doch sind es nur ein paar Wochen. Und jetzt ist plötzlich wieder alles altvertraut, die Boote, die Netze, das Wasser.

„Wir fahren ans andere Ufer", sagt Jesus, „wir nehmen euer altes Boot. Ihr kennt euch damit ja aus."
Sie steigen alle ein. Sie rudern los. Friedlich liegt der See, kleine Wellen plätschern gegen das Boot. Die Abendsonne glitzert im Wasser. Jesus ist eingeschlafen.
Eine Wolke ist am Himmel. Der Wind frischt etwas auf. Das Rudern wird schwerer.
„Beeilt euch, bevor wir schlechtes Wetter bekommen."

Da bricht der Sturm los, urplötzlich, urgewaltig. Riesengroß die Wellen, sie schlagen ins Boot.
„Hilfe, das Boot wird voller Wasser!"
„Rudert stärker, und schöpft das Wasser aus dem Boot."
„Wir schaffen es nicht!"
Das Wasser, immer mehr, immer mehr! Höher und höher die Wellen! Dunkles, schwarzes Wasser!

Sie schreien vor Angst. Sie klammern sich aneinander fest. Sie schließen die Augen.
Wer kann noch helfen?
Jesus!
Wo ist Jesus? Der liegt vorne im Boot und schläft!
„Jesus, wach auf! Wir gehen unter!"

Da steht Jesus auf. Er schaut auf das Wasser, ganz ruhig.
Er sagt: „Still, Wind! Ruhig, ihr Wellen!"
Der Wind lässt nach. Die Wellen werden weniger. Das Wasser wird wieder ruhig.
Ganz still.
„Habt nicht solche Angst!", sagt Jesus, „ich bin doch bei euch."

Sie schauen sich an. Hat Jesus keine Angst gehabt?
Was für eine merkwürdige Fahrt auf dem Wasser.

Das Gleichnis vom großen Festmahl

„Wie ist es bei Gott?", so fragen sie Jesus, „du sagst doch, Gott ist der Vater aller Menschen. Kommen dann alle zu ihm?"
„Passt auf", sagt Jesus, „das ist wie in der Geschichte, die ich euch jetzt erzähle."

Stellt euch vor, ein Mann will ein Fest geben. Seine Diener haben alles vorbereitet. Das ganze Haus wurde gesäubert. Das beste Essen wurde besorgt. Leute wurden eingeladen. Es soll ein wunderbares Fest werden.
Dann ist der Tag gekommen. Alles ist vorbereitet. Essensduft erfüllt das Haus. Ein Harfenspieler macht Musik. Der Diener geht los, um die Leute abzuholen. „Heute! Das Fest! Kommt gleich mit."
Aber keiner will kommen:
„Ach entschuldige, das habe ich ganz vergessen. Jetzt habe ich einen Acker gekauft, den muss ich angucken."

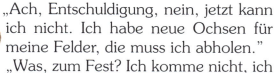

„Ach, Entschuldigung, nein, jetzt kann ich nicht. Ich habe neue Ochsen für meine Felder, die muss ich abholen."
„Was, zum Fest? Ich komme nicht, ich habe gerade geheiratet."

Als der Mann das hört, da wird er wütend und traurig: „Es will keiner zu meinem schönen Fest kommen? Dann sollen sie doch wegbleiben. Aber das Fest wird stattfinden."
Er schaut den Diener an: „Gehe auf den Marktplatz. Hole die Bettler, die da den ganzen Tag sitzen. Die Blinden und den Gelähmten. All die, die nichts mehr haben. Lade sie zu meinem Fest ein!"

112

Der Diener geht los. So eine merkwürdige Einladung!
Am Marktplatz ruft er: „Eingeladen! Ein großes Fest! Kommt alle, mein Herr lädt alle ein!"
„Wer?"
„Wir doch nicht."
„Wirklich?"
„Gibt es was zu essen? Ja?"
„Uns hat noch nie jemand eingeladen."

Einige springen auf. Andere schütteln ungläubig den Kopf. Der Diener geht zu ihnen, ruft ihnen zu:
„Ja, ihr seid alle eingeladen. Das Fest geht los. Jetzt! Kommt!"

„Da gehen wir hin!"
„Los, kommt!"
„Da will ich hin. Aber ich kann doch nicht laufen."
„Wir tragen dich."

Und dann sitzen sie alle an der großen Festtafel. Köstliches Essen, wunderbarer Wein, Harfenmusik. Was für ein Fest, ganz überraschend. Wann haben sie jemals an so einem Tisch gesessen? Schau, wie sie sich freuen!
So ist es bei Gott.

Das Gleichnis vom verlorenen Sohn

Jesus wird oft eingeladen, zusammen mit allen, die ihn begleiten. Zu allen ist er gegangen, hat gegessen und getrunken, Kranke waren dabei und Betrüger, Angeber und Verzweifelte.

„Du solltest nicht mit diesem Volk zusammensitzen, Jesus", so sagen manche, „schau sie an, sie sind verloren. Auch Gott hat sie verlassen."

„Verloren? Verlassen?" fragt Jesus. „Nein, bei Gott ist es anders. So wie in meiner Geschichte":

Eine Familie, ein Vater, eine Mutter, zwei Söhne, dazu Knechte und Mägde, leben und arbeiten auf einem großen Bauernhof.

Als die Söhne groß geworden sind, hat der jüngere das Haus verlassen. Der ältere hat den Hof übernommen.

Der jüngere Sohn hat vom Vater Geld bekommen. Nun sucht er in der Ferne sein Glück. Doch er lebt auf großem Fuß, gibt das ganze Geld aus. Oh weh, bald steht er ohne alles da.

Was soll er jetzt tun? Er muss Geld verdienen, aber wo? Wie soll er jetzt Arbeit finden, die Zeiten sind schlecht. Schließlich findet er etwas: er muss Schweine hüten. Er bekommt kaum etwas dafür, es reicht nicht zum satt werden. Am liebsten hätte er das Schweinefutter gegessen, so hungrig ist er.

Da überlegt er: „Die Knechte bei meinem Vater, die hatten wenigstens satt zu essen - und ich, der Sohn, muss hungern. Kann ich zurück? Ich, der Versager?"

Er überlegt lange. Doch der Hunger und die Sehnsucht sind groß. „Ich gehe zurück. Ich bin ein Versager, doch ich gehe zurück. Nur als unbedeutender Diener will ich arbeiten."

Er geht los. Der Weg nach Hause ist weit. Darf er nach Hause zurückkommen, oder wird der Vater ihn wegschicken? Da sieht er in der Ferne das Haus. Ein Mann kommt angelaufen - der Vater!
„Hurra!", ruft er, „Gott sei Dank, mein Sohn ist zurück!"
„Vater, ich bin ein Versager, ich will nur noch dein Diener …"
Doch der Vater hört nicht auf ihn: „Schnell, ihr Knechte, kleidet ihn neu ein. Mein Sohn!" Und er steckt ihm den großen, goldenen Siegelring an den Finger. „Ein Fest! Wir feiern ein Wiederkommen-Fest!"
Auch die Mutter kommt aus dem Haus. Sie umarmt ihren Sohn.
„Ein Fest! Ein Wiederkommen-Fest!"

Der andere Sohn kommt von der Arbeit. Doch er umarmt seinen Bruder nicht.
„Was soll das? Er ist mit viel Geld losgezogen. Jetzt hat er alles verloren. Ich habe immer ordentlich gearbeitet. Aber für den Versager gibt es ein Fest."
Der Vater geht zu ihm. „Ja, du hast auch Recht, aber doch nicht ganz. Auch wenn dein Bruder Fehler gemacht hat, er bleibt doch unser Kind. Ich will ihn doch nicht wieder wegschicken! Er war für mich schon tot, jetzt ist er zurück und lebt. Ich freue mich, unglaublich freue ich mich. Du nicht auch?"
Ob er doch noch zum Fest gekommen ist, der ältere Sohn?

Die Heilung der verkrümmten Frau

Die Straße durch das Dorf ist lang.
Es sind nur sehr wenig Menschen auf der Straße. Sie sind vornehm gekleidet. Heute ist Sabbat, heute muss man nicht arbeiten.

Am letzten Haus des Dorfes geht die Tür auf und eine Frau kommt heraus. Ihr Rücken ist ganz krumm, und das seit 18 Jahren. Sie kann nicht aufschauen. Sie hat einen Stock in der Hand. Mühsam geht sie, Stück für Stück, die Dorfstraße entlang.
Zur Synagoge geht sie, zum Gebetshaus. Heute ist Sabbat, da ist die Synagoge voller Menschen. Aber es ist ein weiter Weg, sie braucht lange, sie kann nicht schnell gehen. Der Rücken tut so weh. Aber schließlich kommt sie an.
Sie tritt durch die Tür. Drinnen ist es dunkler und kühler. Sie humpelt weiter, bis ganz hinten in die Ecke.

Langsam füllt sich die Synagoge, Leute strömen herein, ein Gemurmel setzt ein. Die Frau schaut auf den Fußboden und träumt davon, wie es damals war, als sie ein Kind war. Da konnte sie hier noch herumlaufen und springen und tanzen. Jetzt kann sie kaum den Kopf bewegen und sieht immer nur den Fußboden und die Füße der Nachbarinnen.

Vorne, wo die Männer stehen, hat Jesus angefangen zu reden.
Plötzlich horcht sie auf. Was war das, hat da jemand gerufen?
Die Füße der Nachbarinnen drehen sich um zu ihr. Sie dreht ihren Kopf ein wenig zur Seite, um nach vorne zu schauen.
Sie hört noch einmal, wie Jesus sagt: „Frau, komm doch zu mir!"
Hat er mich gemeint? Hat er wirklich mich gemeint?
Sie packt ihren Stock und dann geht sie nach vorne. Sie humpelt, aber sie versucht so schnell sie kann nach vorne zu kommen.
Die Leute tuscheln.

„Hast du das gehört?"
„Gerade sie hat er gerufen!"
„Ich kann gar nichts sehen."
„Lass sie doch mal durch!"
„Sie kann doch nicht einfach hierher."
„Aber der Rabbi hat es doch gesagt."
„Jetzt steht sie vor ihm."
Sie steht vor Jesus. Sie dreht den Kopf wieder ein wenig zur Seite, um ihn richtig sehen zu können. Er schaut sie an und er lächelt. Und dann streckt er die Hand aus, legt sie ihr auf den Kopf und sagt: „Frau, sei frei von deiner Krankheit."
Da ist es der Frau, als ob ein Strom warmen Lebens durch ihren Rücken geht. Langsam, Stück für Stück, kann sie sich aufrichten. Die Schmerzen sind vorbei.
Dann steht sie vor Jesus, ganz gerade, und sie schaut ihm in die Augen.
„Gott sei Dank!" sagt sie leise zu ihm und dreht sich um und ruft noch einmal ganz laut: „Gott sei Dank!" und sie läuft heraus aus der Synagoge.
Die Leute tuscheln.
„Hast du das gesehen?"
„Was ist denn ...?"
„War das wirklich diese Frau?"
„Das haben wir ja noch nie gesehen!"
„Der Jesus hat sie gesund ..."
„Das kann doch nicht wahr sein. Halleluja!"
„Was ist denn da bloß passiert?"

Das Vaterunser

Jesus ist allein. Er spricht mit Gott. Er betet. Kein Mensch hört seine Worte.

Er kommt zurück zu den anderen. „Sag uns, wie man betet", bitten sie, „wir haben es nicht gelernt. Wir kennen nicht die heiligen Gebete wie die gelehrten Leute."

„Ihr braucht nur ein Gebet", sagt Jesus, „es hat alles, was man beten kann. Das sollt ihr beten, immer wieder, immer wieder."

„Warum so oft?"
„Wenn ihr einen Freund um etwas bittet, dann wird er etwas tun. Wenn du ihm zum Beispiel sagst: „Gib mir Brot, ich habe Besuch bekommen und meins ist alle", dann wird er dir etwas geben - oder er ruft: „Ich habe selber keins, aber nimm etwas anderes" – oder er gibt dir Mehl, um zu backen. Irgendwie wird er dir helfen. Er wird dir schon keinen Stein geben statt des Brotes. Und wenn er nicht gleich hilft, dann bittest du ihn noch einmal, immer wieder."

„Was ist das für ein Gebet?"
„Es beginnt im Himmel, bei Gott, dem Vater. Es geht zur Erde, zu Brot und Vergebung. Das sind die Dinge, die wir jeden Tag brauchen. Es geht wieder zum Himmel und räumt beiseite, was uns auf dem Weg aufhält, die Versuchung und das Böse. Das Gebet endet bei Gott in der Ewigkeit. Es umfasst alles.

Und so sollt ihr beten:
Vater unser im Himmel.
Geheiligt werde dein Name.
Dein Reich komme.
Dein Wille geschehe,
wie im Himmel, so auf Erden.

*Unser tägliches Brot gib uns heute,
und vergib uns unsere Schuld,
wie auch wir vergeben unseren Schuldigern.*

*Und führe uns nicht in Versuchung,
sondern erlöse uns von dem Bösen.*

*Denn dein ist das Reich
und die Kraft
und die Herrlichkeit
In Ewigkeit.
Amen*

„So wollen wir beten", sagen sie,
„immer wieder, immer wieder."

Der barmherzige Samariter

Immer wieder kommen Menschen zu Jesus.
„Mein Leben soll gelingen. Was muss ich tun, Jesus, damit mein Leben nicht einfach vergeht?"
Da beginnt Jesus zu erzählen:

Der Weg von Jerusalem nach Jericho ist ein gefährlicher Weg, Räuber lauern dort und wilde Tiere. Ein Mann geht auf dem Weg nach Jericho, da passiert es: eine Räuberbande lauert ihm auf, fällt über ihn her, raubt ihn aus und prügelt ihn halbtot. Dann verschwinden die Räuber. Oh weh, da liegt der Mann nun ganz allein und schwer verletzt. Gibt es keine Hilfe?

Doch, da kommt jemand, ein Priester. Näher und näher kommt er, dann schaut er weg von dem Verletzten, er geht weiter, bleibt nicht stehen. „Hilfe, Hilfe!", will der Verletzten rufen, doch seine Stimme ist zu schwach. Aber da kommt noch jemand. Ein Priestergehilfe geht den Weg, kommt näher und näher. Jetzt sieht er den Verletzten, schaut schnell weg und geht rasch vorbei. Keine Hilfe für den Mann, der unter die Räuber gefallen ist.
Da kommt noch jemand. Der Verletzte schaut – wer ist das? Dann schließt er die Augen. Diesmal ist es nur ein Ausländer aus Samaria, der da auf seinem Esel reitet.

Doch der Verletzte hört, wie der Esel stehen bleibt. Er spürt die Hände des fremden Mannes an seinem Kopf, dort, wo die blutende Wunde ist. Die Wunde wird behandelt, mit Wein und Öl ausgewaschen. Ja, das tut weh, aber es tut auch gut. Dann wird der Verletzte hochgehoben und auf den Esel gelegt. Bis zu einer Herberge gehen sie, dort wird angehalten.
Der Samariter gibt dem Wirt Geld, damit er den Mann gesund pflegt.

Du fragst, wie das Leben gelingen kann? Lebe so wie der Mann aus Samaria!

Jesu Passion

Schon einige Jahre sind Jesus und seine Jünger unterwegs.

„Es kommt eine schlimme Zeit", sagt Jesus. „Die mächtigen Leute im Land werden mich gefangen nehmen. Sie werden mich töten."
Da rufen sie: „Nein, nein, das soll nicht geschehen!"
„Ihr werdet mich alle verlassen. Bevor der Hahn dreimal kräht, werdet ihr mich verlassen."
Da rufen sie: „Nein, nein, das soll nicht geschehen!"
„Aber Gott wird seine Stärke darin zeigen. Er wird meinen Tod besiegen."
„Das verstehen wir nicht."
„Ihr werdet an mir irre werden. Aber ich sage euch: In dem, was geschehen wird, wird die Erlösung der Menschen sein."
Schwierige Worte. Wer versteht sie?

Aber es kommt so, wie Jesus sagte:
Es beginnt ganz friedlich. Als Jesus in die große Hauptstadt zieht, stehen sie noch zu Hunderten an der Straße und jubeln ihm zu.
Später sitzen sie zusammen und feiern einen Festtag. Sie denken an Mose und essen das Brot der Befreiung.
Da sagt Jesus: „Ich bin die Befreiung."
Er nimmt das Brot: „Nehmt es, esst es! Das bin ich. Wann immer ihr es teilt und esst und an mich denkt, dann bin ich es."
Er nimmt den Weinbecher. „Nehmt und trinkt daraus! Das bin ich. Wann immer ihr es teilt und trinkt und an mich denkt, dann bin ich es."
Es ist das erste Abendmahl, das so gefeiert wird.

Dann läuft er weg von der Festtafel. Alle Kraft hat ihn verlassen.
„Vater im Himmel, ich will es nicht mehr! Ich habe Angst. Lass es nicht geschehen …."
Da hält die Welt den Atem an.
„…doch es soll so sein, wie du es willst."

Da kommt ein Engel vom Himmel und gibt ihm neue Kraft.

Soldaten kommen. Die mächtigen Leute haben sie geschickt. Sie umringen Jesus. Sie fesseln ihn. Sie schlagen ihn und lachen. Alle Freunde laufen weg. Verlassen ist er.

Petrus ist ihm nachgeschlichen. Er sitzt draußen vor dem Haus des Verhörs.
Da zeigt jemand auf ihn: „Du gehörst doch auch dazu!"
„Nein!" ruft Petrus.
„Doch, ich erkenne dich!"
„Nein, nein!" ruft Petrus.
„Aber ich habe dich gesehen!"
„Nein, nein, niemals!" ruft Petrus.
Oh, Petrus! Du wolltest mutig sein und wurdest ein Versager.
Dreimal kräht der Hahn. Petrus weint. Es ist eine schlimme Zeit.

Die Kreuzigung

In den Straßen von Jerusalem herrscht reges Leben. Gestern war der große Festtag, das Passafest. Morgen ist Sabbat. Aber heute, da laufen sie alle durch die Gassen. Die Kinder spielen, die Pilger schauen zum Tempel.

Er fällt kaum auf, der Jesus, der das Kreuz schleppt. Der Kopf ist blutig, der Rücken zerschlagen. Er schafft es kaum. Was haben sie mit ihm gemacht, in dieser Nacht im Kerker?

Die Soldaten, die mitziehen, halten einen Pilger an: „He, du, trage diesem Jesus hier das Kreuz!"
„Was hat er getan, dass er hingerichtet wird?"
„Er sagt, er sei der König der Juden, von Gott geschickt. Gleich macht er schlapp, euer König." Die Soldaten lachen.

Bis zum Hügel Golgatha vor der Stadtmauer geht der kleine Zug. Zwei Menschen sind schon hingerichtet am Kreuz. Sie schreien und fluchen. Auch Jesus wird an seinem Kreuz festgebunden und festgenagelt. „Trink!", sagt einer der Soldaten, „dann tut es nicht so weh." Aber Jesus schüttelt den Kopf.
Sie reißen sein Gewand vom Leib, nur ein Tuch bleibt ihm. „Das Gewand ist für uns!", sagen sie, „du brauchst es nicht mehr ..."

Ein paar Neugierige kommen vorbei. „Wer ist denn das?" fragen sie. „Jesus von Nazareth. Er hat gesagt, er sei der neue König." Wieder lachen sie.
Ein Soldat kritzelt auf ein Holzstück *Jesus von Nazareth, König der Juden*. Schnell springt er auf die Leiter, nagelt das Holzstück an Jesu Kreuz fest. Die Menschen lachen.

„Haha, ein f.,.,er König. Soll er doch herunterkommen."
„Und da sagen manche, er sei ein Wunderheiler."
Das Gelächter schallt über den Hügel.
Doch nicht alle lachen. Ein paar von den Frauen, die Jesus begleitet haben, stehen in der Ferne und schauen zu. Sie weinen. Sie weinen über das, was sie sehen und was sie hören.

Da wird es plötzlich finster im ganzen Land, kaum das etwas zu sehen ist. Der Hauptmann der Soldaten springt auf und läuft unruhig auf und ab. Die Leute fluchen.
Und dann hallt ein markerschütternder Schrei durch das Land.
„Mein Gott, mein Gott, warum hast du mich verlassen?"
„Er schreit, gebt ihm zu trinken."
„Es klingt, als ob er zu Hilfe ruft."
„Lass uns sehen, was passiert."
Noch einmal schreit Jesus laut auf. Dann stirbt er.

Die Erde zittert, als Jesus stirbt.
Im Tempel von Jerusalem zerreißt sogar der Vorhang, und das Allerheiligste liegt frei.
Am Kreuz steht der Hauptmann. Es ist, als ob er sich festhält am Kreuz.
„Das war kein Verbrecher", sagt er leise, „das war Gottes Sohn".
„Was sollen wir tun?" fragen die Soldaten.
„Nehmt ihn vom Kreuz, den toten Jesus. Aber vorsichtig!
Er soll in eine richtige Grabkammer, in die vom Ratsherrn Joseph. So ist es angeordnet."

Jesus wird in das Grab gebracht. Es ist ein Felsengrab, eine Höhle mit einem großen Stein davor.
Aber die Geschichte ist noch nicht zu Ende. Hatte Jesus nicht etwas gesagt davon, dass Gott seine Stärke zeigen wird?

Die Auferstehung

Die drei Frauen sind bei der Kreuzigung dabei gewesen. Sie haben viel geweint um ihren Jesus.
Dann wurde er ins Grab gelegt, ein großer Stein vor den Eingang. Auch dabei haben sie zugeguckt.
„Wir wollen ihn doch noch einreiben mit Duftkräutern und Öl."
„Aber jetzt ist Sabbat, der Ruhetag. Da können wir das nicht tun."
„Später, wenn der Sabbat vorbei ist."

Am Sonntagmorgen gingen sie los, ganz früh, mit allen Duftkräutern und Ölen.
„Wie kommen wir denn hinein zum toten Jesus? Der Stein liegt doch vor dem Grab. Viel zu schwer, um ihn beiseite zu schieben."
Sie gingen weiter bis zum Grab.
„Schaut nur, der Stein liegt gar nicht mehr davor. Er ist weggerollt!"
Sie gehen in die Grabeshöhle hinein.
„Und Jesus liegt gar nicht mehr hier."
„Sie hatten ihn doch hier hingelegt, den toten Jesus, und jetzt ist er weg."
Die Frauen fangen wieder an zu weinen.
„Schau nur, was ist denn das?"
„Ganz hell, ganz strahlend!"
„Sind das Engel?"
Die Frauen bekommen einen großen Schreck.
Da spricht ein Engel zu ihnen:
„Ihr Frauen! Ihr sucht Jesus. Ihr sucht den Jesus, der am Kreuz gestorben ist.
Sucht ihn nicht mehr bei den Toten.
Gott hat ihn auferweckt!
Gott ist stärker als die Macht des Todes!"
Die Frauen schauen sich an. Sie begreifen die Worte erst gar nicht richtig:
Sucht ihn nicht mehr bei den Toten.

Gott hat ihn auferweckt!
Ganz verwirrt drehen sie sich um, laufen los, laufen zu den anderen Jüngern. Sie rufen: „Wir waren an der Grabeshöhle. Wir haben Engel gesehen. Sie haben geredet. Sie haben uns gesagt:
Sucht Jesus nicht mehr bei den Toten.
Gott hat ihn auferweckt!"

Die anderen Jünger schütteln den Kopf. „Das gibt es doch gar nicht. Fantasiegeschichten! Weibergeschwätz! Hört auf damit." Aber die Frauen waren sich sicher. Gottes Macht ist stärker als der Tod. Jesus ist auferweckt worden. Der Engel hat es gesagt. Die anderen Jünger haben das erst viel später begriffen.

Die Emmausjünger

Zwei Männer gehen aus Jerusalem. In ihnen steckt noch die Verzweiflung.
„Wir haben gedacht mit Jesus kommt unsere Erlösung. Und nun? Jämmerlich ist er am Kreuz gestorben."
„Ich gehe zurück in mein Dorf, in meinen alten Beruf. Es hat doch alles keinen Sinn mehr."
Müde und langsam sind ihre Schritte.

Ein Fremder kommt dazu: „Kann ich euch begleiten?"
„Meinetwegen."
„Ihr scheint traurig zu sein."
„In der Tat. All unsere Hoffnung hatten wir auf Jesus gesetzt. Und nun ist er tot, jämmerlich gestorben am Kreuz."

Der Fremde sieht sie an. Sie schauen zurück. Sie erkennen ihn nicht.

„Hat euer Jesus euch nicht gesagt, dass Gott den Tod besiegen wird? Hat er euch nicht gesagt, dass in seinem Kreuz die Erlösung beginnt?"

Die beiden Männer sind verblüfft. Was für gewaltige Worte! Es wird ihnen warm ums Herz. Sie schauen den Fremden wieder an. Sie erkennen ihn nicht.

„Wir sind in Emmaus, unserem Heimatdorf. Komm in unser Haus. Bleibe bei uns, Fremder, denn es ist spät geworden."

Sie gehen ins Haus. Sie essen und trinken. Der Fremde nimmt das Brot. Wie damals bricht er es und teilt es. Da erkennen sie ihn.
„Jesus!", rufen sie. Sie springen auf.
Doch der Platz des Fremden ist leer.

Sie laufen zurück nach Jerusalem, zu all den Freunden, die noch dort sind.
„Wir haben ihn gesehen."
„Er hat das Brot mit uns geteilt, da haben wir ihn erkannt."
Sie sind noch immer ganz aufgeregt.
Sie schreien vor Freude. Sie hüpfen und tanzen.
Kann das denn sein oder haben sie sich doch geirrt?

Plötzlich steht Jesus da. Mitten unter ihnen.
Wieder erkennen sie ihn nicht sofort. Sie erschrecken: „Ein Gespenst!"
Doch es ist Jesus. Er redet, er isst mit ihnen – aber sie dürfen ihn nicht anfassen.
Zum Schluss sagt er zu ihnen: „ Nun bin ich ganz mit Gott verbunden. Und der GottesGeist wird auch zu euch kommen."

Und Jesus entschwindet zu seinem Vater im Himmel.

Die Pfingstgeschichte

Die Sonne geht auf über Jerusalem. Festlich gekleidete Menschen sammeln sich in den Straßen der Stadt. Heute beginnt das Wochenfest. Die Menschen haben ihre Festtagskleidung angezogen, manche sind von weit her gereist.

Auch die Jünger Jesu sind in der Stadt. Doch noch hat sie die Festtagsstimmung nicht erreicht.
„Seit Jesus fort ist, weiß ich nicht, was wir anfangen sollen."
„Ja, du hast recht. Wir sitzen hier im Haus und warten. Schließlich hat Jesus uns gesagt, dass der GottesGeist noch zu uns kommen soll."
„Das habe ich überhaupt nicht verstanden. Was hat er damit gemeint?"

Während die Sonne weiter über Jerusalem aufsteigt und die Straßen sich mehr und mehr mit Menschen füllen, ist in dem Haus der Jünger plötzlich

ein Brausen zu hören, wie von einem fernen Unwetter. Es wird stärker und stärker, es grollt und tobt und schreit und heult, bis das ganze Haus davon erfüllt ist.
Nicht nur das Haus, die Jünger selber sind ganz erfüllt von diesem seltsamen Geräusch.
Und zugleich kommt eine Erscheinung, die sieht aus wie ein Feuer und man hat den Eindruck, dass das ganze Haus mit Feuer erfüllt ist. Richtige Flammen scheinen sich auf den Köpfen der Jünger zu bilden. Und doch ist das Feuer nicht verletzend und das Sturmgebrüll nicht unangenehm in den Ohren.

Da springen die Jünger auf und beginnen laut zu rufen: „Halleluja", rufen sie, „der Jesus ist vom Tod erstanden. Ja, wirklich, Menschen, hört doch, er ist wirklich auferstanden!" Und sie rennen hinaus auf die Straße und schreien und lachen und tanzen und rufen immer wieder: „Ja, wirklich, Menschen, hört doch, er ist wirklich auferstanden!" Das gibt einen riesigen Tumult.

„Was ist denn das für ein verrücktes Pack?", schreien die Leute auf den Straßen, „an so einem hohen Festtag laufen die schon morgens betrunken durch die Straße. Die sollten sich was schämen!"
„Und sie reden von diesem Jesus. Aber wieso können die plötzlich griechisch reden? Solche Bildung hätte ich ihnen nicht zugetraut."

„Die reden doch nicht griechisch. Ich verstehe sie in meiner Muttersprache aus Phönizien, klar und deutlich."
„Sie rufen immer ‚Jesus ist auferstanden', aber ich höre sie doch auf Latein reden. Wieso verstehe ich sie?"
Die Leute auf den Straßen von Jerusalem, die Einheimischen und die Weitgereisten, alle verstehen die Worte der Jünger in ihrer Muttersprache.
„Wie kann das nur passieren, dass wir sie so verstehen?"
„Und ich höre zum ersten Mal richtig hin, was sie sagen. Den Jesus kenn ich noch, war doch ein feiner Kerl. Und der soll von den Toten auferstanden sein? Unglaublich!"
„Schau doch nur, wie merkwürdig sie rufen. Sie sind wirklich völlig außer sich. Aber sie meinen es Ernst. Sie glauben es wirklich, was sie von Jesus sagen."
„Meinst du wirklich?"
„Ich glaube es. Schau sie dir an, die machen keinen Unsinn. Ich will auch dazugehören. Halleluja!"
Und dann hallt tatsächlich von vielen der Ruf durch die Straßen: „Er ist vom Tod erstanden, ja, wirklich, Menschen, hört doch, er ist wirklich auferstanden!"
Mancher runzelt die Stirn: „Was soll das Geschrei der Verrückten?"
Manch anderer sagt fröhlich: „Ja, wahrhaftig, er ist auferstanden, ich glaube es. Ich habe mich taufen lassen, heute, von Petrus."

Paulus vor Damaskus

Auf der Straße von Jerusalem nach Damaskus reiten einige Männer. Sie sind bewaffnet. Schwerter haben sie, auch Peitschen und Seile zum Fesseln. Voran reitet ihr Anführer Paulus.
Paulus gehört zu den mächtigen Männern in Jerusalem. Er ist wütend auf die Jesus-Leute. „Ich bringe sie alle um, diese Christen!"

Auf der Straße von Jerusalem nach Damaskus passieren seltsame Dinge. Paulus fällt zu Boden. Er schreit. Verwundert halten die anderen an.
Paulus sieht ein Licht. So hell, so blendend. Er ist zu Boden gefallen. Da hört er eine Stimme, laut und klar: „Paulus! Warum verfolgst du mich und meine Anhänger?"
Eine Stimme? Wer hat gerufen? Paulus sieht nichts, nur Licht, Licht, Licht. Er schreit: „Wer redet mit mir?"
Wieder spricht die Stimme: „Jesus redet mit dir. Der Jesus, den du verfolgst."
Paulus erschrickt bis in die Tiefen seines Herzens. Der Jesus, den er verfolgt. Er ist wirklich lebendig, mächtig, urgewaltig. Paulus wollte ihn verfolgen. Paulus hat verloren.
Wieder spricht die Stimme: „Paulus! Jetzt weißt du von mir. Ich sende dich aus. Erzähle der ganzen Welt von mir! Aber vorher gehe nach Damaskus in die Gerade Straße. Dort hörst du mehr von mir."

Ausgesendet von Jesus? Er, der Verlierer? Langsam erhebt sich Paulus vom Boden. Er schaut zu den anderen: „Kehrt um!", sagt er, „nehmt mein Schwert mit. Ich brauche es nicht mehr. Jesus hat zu mir gesprochen."
Die Männer schauen sich verblüfft an. Sie haben die Stimme nicht gehört, das Licht nicht gesehen. Aber sie nehmen das Schwert des Paulus und reiten zurück.

In Damaskus lebt ein Mann, der Hananias heißt und zu den Jesus-Anhängern gehört. Auch er hört die Stimme von Jesus: „Auf, Hananias, gehe in die Gerade Straße zum Haus des Judas, dort wirst du Paulus treffen."
„Nein, nein!", ruft Hananias, „nicht zu Paulus. Er lässt alle Jesus-Anhänger auspeitschen und gefangen nehmen."
Wieder hört er die Stimme von Jesus: „Auf, Hananias, gehe zu Paulus. Ich habe ihn auserwählt, dass er überall in der Welt von mir erzählt. Geh und öffne ihm dafür die Augen."
Da geht Hananias los. Er kommt in die Gerade Straße. Im hintersten Zimmer sitzt Paulus, zusammengesunken in einer Ecke. Wie klein, wie hilflos ist der gefährliche Paulus geworden. Hananias tritt zu ihm, legt ihm die Hände auf. „Jesus sendet mich zu dir. Der GottesGeist soll zu dir kommen, in dein Herz und deine Augen."
Da ist es Paulus, als ob ein Schleier von seinen Augen gezogen wird und ein Panzer von seinem Herzen. Er steht auf, er isst und trinkt, und neuer Lebensmut ergreift ihn.

So beginnt das neue Leben des Paulus. Er hat der ganzen Welt von Jesus Christus erzählt. Viele Menschen lassen sich von ihm taufen, und wenn er weiterzieht, schreibt er Briefe an die Christengemeinden.

Paulus schreibt einen Brief nach Korinth

An die Gemeinde Gottes in Korinth, an die Geheiligten in Christus und an alle, die den Namen Jesu anrufen. Gnade und Frieden wünsche ich euch von Gott, unserem Vater, und von Jesus, unserem Herrn.

Wie freue ich mich, dass ihr reichlich den GottesGeist in euch habt. Dadurch begreift ihr, dass der Tod von Jesus auch seine Auferstehung gebracht hat. Andere Leute lachen darüber: „Wie kann ein Gott stark sein, wenn der Gottessohn am Kreuz stirbt?" Ihr wisst, dass unser Gott stärker ist als der Kreuzestod.

Aber manches bei euch gefällt mir nicht. Ich habe gehört, dass ihr zum Abendmahl zusammenkommt. Das ist gut. Aber dabei soll es passiert sein, dass manche sich den Bauch vollgeschlagen haben mit köstlichen Speisen. Wenn später dann die Armen dazukommen, die Sklaven, die Hungrigen, dann ist nichts mehr da, nur gerade noch ein Stück Brot, das ihr teilt.
Aber bedenkt doch: Wir alle, die wir getauft sind, gehören zusammen. Wenn einer hungrig bleibt, ist die ganze Gemeinschaft gestört.

Stellt es euch so vor: Jeder Mensch hat verschiedene Körperteile, Kopf und Beine, Ohren und Augen und so weiter. Alle Körperteile haben ihre eigene Aufgabe: das Ohr hört, das Auge sieht, und alle sind ganz wichtig. Das Auge kann nicht sagen: Du Ohr bist ganz unwichtig, du kannst ja nicht sehen. Nein, alle sind ganz wichtig. Und wenn es einem Körperteil schlecht geht, dann geht es allen schlecht. Wenn dir der Kopf weh tut, dann mögen die Beine nicht mehr laufen.
So soll es auch bei euch sein: Alle sind ganz wichtig. Wir sind sozusagen der Körper von Jesus.

Ich habe gehört, dass in euren Gottesdiensten manche Leute anfangen, wirres Zeug zu reden. Sie sagen: „Wir sind voll GottesGeist!", aber niemand versteht sie. Das ist Unsinn. Auch der GottesGeist muss von allen verstanden werden können oder jemand muss da sein, der ihn übersetzt. Sonst schweigt lieber und singt die alten Lieder und Psalmen.

Manche sagen bei euch, die Toten können nicht auferstehen.
Aber Jesus ist auferstanden. Würde das nicht stimmen, dann wäre all unser Glaube Unsinn, dann wären wir wirklich arm dran.
Aber Jesus *ist* auferstanden. Deshalb werden wir alle den Tod überwinden können. Auch wenn unser Körper einmal begraben wird und zerfällt, Gott wird uns neu schaffen.

Achtet darauf, dass niemand euch den Glauben wegnimmt. Achtet darauf, dass niemand neue Gesetze schafft und sagt: „Das muss erfüllt sein, damit ihr zu Gott kommt." Lasst euch diesen Unsinn nicht einreden. Zu Gott kann jeder kommen!

Ich grüße euch von vielen anderen Gemeinden, in denen ich gewesen bin. Nach Pfingsten werde ich euch auch wieder besuchen können. Bis dahin bleiben wir in Liebe verbunden,

Euer Paulus

Das neue Jerusalem

Johannes, der Träume voller Wahrheit hat, schrieb diesen Traum auf:

Und ich träumte, dass über die Erde Schalen voller Plagen und Schalen des Gotteszornes ausgegossen wurden. Da ging es schlimm zu auf der Erde, Ungeheuer wohnten auf ihr, die Sonne wurde finster und die Flüsse versiegten, die Pflanzen verkümmerten.

Doch es kommen auch Reiter mit weißen Pferden und Engel, die die Ungeheuer fesseln und in den Abgrund werfen, aus dem sie nicht mehr herauskommen.
Dann wird die Erde neu gemacht von Gott. Die Sonne kann wieder aufgehen und die Flüsse füllen sich wieder mit Wasser. Die Erde wird wieder bedeckt mit Gras und Blumen und Bäumen.
Schließlich werden die Stadt Jerusalem und die anderen Städte ganz neu gemacht von Gott, und alles wird gut sein. Wunderschön wird die Stadt Jerusalem sein, mit goldenen Straßen und Stadttoren aus großen, kostbaren Perlen. Und das Wasser des Lebens kann darin fließen, und Gott selber will in dieser neuen Welt seine Wohnung haben.

Und alle Tränen, die Menschen geweint haben, will Gott selber abwischen. Nie mehr wird Hunger und Angst sein, nie mehr Schmerz und Tod.

Und Jesus sitzt auf dem Thron, und es wird keine finstere Nacht voller Ängste mehr kommen. Das Wasser des Lebens fließt unaufhörlich, die Menschen können davon trinken, so viel sie wollen.

So habe ich es geträumt, und ich bin gewiss,
dass der Traum die Wahrheit sagt.
Denn der Traum ist voller GottesGeist
und er kommt von dem Gott,
der die Welt vollenden wird.

Jochem Westhof studierte Theologie und Pädagogik. Er ist Referent für Kindergottesdienst im Pädagogisch-Theologischen Institut der Nordelbischen Kirche. Er hat bereits Bücher zum Erzählen, zur Familienkirche und Geschichten für Kinder veröffentlicht. Er ist seit über 30 Jahren leidenschaftlicher und versierter Erzähler der biblischen Geschichten.

Anna Karina Birkenstock studierte Medienkunst an der Staatlichen Hochschule für Gestaltung Karlsruhe und arbeitet als freie Web-Designerin, Künstlerin, Autorin und Illustratorin.